골든데이
GOLDEN DAY

전계환

전계환

CONTENTS 차례

PART 1.
어쩌다보니 '금'이 운명이 된 남자

금 추출? 그게 뭐 하는 직업인가요	15
인연 혹은 운명	19
돈을 벌 기회가 찾아오다	23
'투잡'으로 영업을 하다	28
시장의 틈새를 만들다	33
금 정련공장을 매입하는 법	40
갑작스러운 위기를 맞다	45
택배 알바를 뛰다	50
작은 희망에 숨겨진 가능성	55
금괴를 들고 도망간 기술자	61
금 정련 기술이 성과를 좌우한다	66

PART 2.
알면 알수록
돈이 되는 금의 세계

우리가 몰랐던 금 추출의 기술 혁명	69
버려진 자원이 돈이 되다	74
작업자만 아는 금 추출과정의 비밀	84
99.99% 순금은 어떻게 만들어지는가	95

PART 3.
도시광산에서 배운
성공의 황금률

영업은 사람을 얻는 것이다	107
진심을 팔아라	117
6개월 배워서는 안 되는 일	122
브로커를 상대하는 일의 고단함	127
사람을 키워야 흥한다	132

성공하는 사업 구조를 만드는 법　　　　　　　　　139

입찰의 달콤한 유혹　　　　　　　　　　　　　　144

믿고 걸러야 하는 사람　　　　　　　　　　　　　150

술자리도 영업의 일환이다　　　　　　　　　　　153

10년, 20년 뒤에도 할 수 있는 일인가　　　　　159

금 정련 사업은 지속가능할까?　　　　　　　　164

PART 4.

금이 나에게 가르쳐준
인생의 의미

돈으로 행복을 살 수 있을까　　　　　　　　　　170

중이 제 머리 못 깎는 이유　　　　　　　　　　　177
-20년 지기도 배우지 못한 성공의 원칙

끈기의 힘　　　　　　　　　　　　　　　　　　　185
-한 달의 기적

내 하루는 새벽 3시에 시작한다.　　　　　　　　194

● 작가의 말

어느 연금술사의 고백

  스물여섯 살, 나는 전세 2,000만 원짜리 원룸에서 새로운 삶을 시작했다. 경제적으로는 넉넉하지 않았지만, 마음만큼은 분명했다. "공장 하나 차릴 거야"라고 말하고 다녔지만, 그 당시 통장에는 고작 200만 원이 전부였고 믿어주는 사람은 아무도 없었다. 가족들조차 내가 무엇을 하려는지 정확히 모른 채 그저 '요즘 바빠 보인다' 정도로만 여겼을 것이다. 말하지 않은 이유는 간단했다. 말해도 이해받지 못할 것 같았기 때문이다. 하지만 나만큼은 확신했다. 어디에 기회가 있는지, 무엇을 해야 하는지를 말이다.
  PCB 공장의 생산직 말단으로 일하던 어느 날, 내가 잘라낸 제품에서 금이 나온다는 것을 알게 되었다. 그 순간 온몸에 전기가 흐르듯 소름이 돋았다.

'이거다.'

말로는 설명할 수 없지만 분명한 확신이었다. 그날 밤에 잠도 못 자고 금과 관련된 자료를 미친 듯이 찾아봤다. 전문 지식도 없었고, 가진 돈도 없었지만, 한 가지만큼은 분명했다. 내가 찾은 기회는 진짜였고, 이걸 끝까지 해낼 사람이 바로 나라는 확신이었다.

사기와 시행착오의 나날들

돌이켜보면 그 시절의 시행착오는 지금 생각해도 참혹했다. 2천만 원어치의 폐전자제품을 매입했지만 실제 금 함량은 샘플 테스트 때의 절반에도 못 미쳤다. 사기를 당한 것이었다. 그 돈은 빚까지 내어 마련한 금액이었기에, 단 하루 만에 모든 것이 사라진 후 나는 공장 바닥에 주저앉아 한참을 멍하니 있었다. 눈물이 났던 것 같다. 마음이 무너진다는 감정이 어떤 것인지를 처음으로 알았던 밤이었다.

사람을 믿었다가 당한 일도 있었다. 유명 대학 화학과 출신이라며 스스로를 기술자라고 소개한 남자를 월급 500만 원을 약속하며 데려왔지만, 석 달 만에 금고에 남아 있던 금까지 모두 들고 사라졌다. 그때 확실히 깨달았다. 기술보다, 자본보다, 경험보다 먼저인 것은 사람을 보는 눈이라는 것을.

종종 사람들이 묻는다. "그래도 지금은 성공했잖아요?" 하지만 나는 솔직히 성공이 무엇인지 잘 모르겠다. 지난해 매출이 50억을 넘었고 직원도 5명으로 늘었으며, 작지만 어엿한 공장도 갖게 되었다. 하지만 지금도 새벽 3시에 일어나 공부한다. 황산 냄새가 옷에 배도 이제는 신경 쓰이지 않는다. 오히려 그 냄새가 이제는 편하다.

무엇보다도, 이 일이 주는 묘한 쾌감을 나는 쉽게 놓을 수 없다. 남들이 쓰레기라고 버린 폐전자제품에서 99.99% 순금을 뽑아내는 그 순간, 마치 연금술사가 된 듯한 전율이 온몸을 감싼다. 처음에는 단순히 '금만 잘 뽑으면 성공은 따라오겠지' 생각했다. 하지만 지금은 안다. 기술보다 먼저인 것이 사람이고, 결국 일은 사람이 하는 것이라는 걸. 믿을 만한 협력업체를 찾고, 정직하게 거래하며, 직원들과 진심으로 소통하는 것. 바로 이것이 가장 중요한 기술이다. 금 정제 기술은 이제 유튜브만 틀어도 배울 수 있는 시대다. 하지만 사람과 사람 사이의 신뢰는 돈으로 살 수 없고, 하루아침에 만들어지는 것도 아니다.

코로나로 모든 것이 멈췄던 어느 날, 우리 공장을 지켜준 것도 기술이 아니었다. 10년 동안 변함없이 신뢰를 지켜온 거래처가 선뜻 선금을 보내주었고, 월급을 걱정하던 시기에 직원들은 먼저 "괜찮다"고 말했다. 그때 나는 생각했다. '희망'이란 것이 있다면, 이런 모습이 아닐까.

이 책을 쓴 이유는 단순하다. '도시광산'이라는 단어를 스쳐 지나가는 사람들에게 이 일이 얼마나 가치 있는 일인지, 그리고 어떤 일이든 마음을 다하면 반드시 길이 열린다는 것을 전하고 싶었다. 스물여섯에 시작해 어느덧 마흔다섯이 되었다. 앞으로도 실패할 것이고 위기도 올 것이다. 하지만 두렵지 않다. 위기에서 다시 일어나는 법도, 그것을 기회로 바꾸는 방법도 배워왔으니까. 당신도 지금 무언가를 시작하려는 마음이 있다면, 두려워하지 않아도 된다. 실패해도 되고 넘어져도 괜찮다. 중요한 것은 다시 일어나는 마음이다. 끝까지 밀고 나가는 진심만 있다면, 길은 반드시 열린다. 언젠가, 누군가의 절망 앞에 당신의 이야기가 희망이 되는 날이 올 것이다.

2025년 가을
인천 공장에서
전계환 드림

PART 1.

어쩌다보니 '금'이 운명이 된 남자

---- ✸ ----

나는 도시광산에서 금을 추출하는
기술 개발에 평생을 바치는 전문가가 되었다.
남들이 보기엔 황금만능주의자 같지만,
나에게 금은 단순한 부의 상징이 아니라 끊임없는
도전과 혁신을 통해 자신을 단련시켜준
인생의 스승이자 동반자이다.

금 추출? 그게 뭐 하는 직업인가요

인생을 살면서 누군가를 만나면 꼭 받게 되는 질문이 있다. "무슨 일 하세요?"라는 말이다. 나 역시 수없이 이 질문을 받아왔다. 처음에는 "금쪽 일을 해요"라고 말했다. 그러면 금은방을 하는지, 금 투자를 하는지 후속 질문이 따라왔다. 요즘은 그냥 이렇게 말한다.

"금 정련 공장을 운영합니다."

하지만 이 말도 대부분에게는 생소하게 들리는 모양이다. 그래서 이 책을 읽는 독자에게도 조금 더 풀어 설명할 필요가 있을 것 같다.

사기와 시행착오의 나날들

"핸드폰에 금이 들어 있다는 얘기, 들어보셨어요?"

나는 이렇게 묻는 편이다. 대부분 "네, 들어봤어요" 하고 답한다.

"그러면 전자제품에 금이 조금씩 들어 있다고 얘기 들어본 적 있으세요? 초록색 기판 보신 적 있죠? 텔레비전이나 컴퓨터 뜯으면 나오는 그 초록색 판."

그러면 다들 고개를 끄덕인다. "그 회로기판 위에 아주 얇게 금 도금이 돼 있거든요. 우리 공장에서는 그런 기판에서 금을 추출하는 일을 합니다."

그러면 그제야 반응이 온다.

"아, 그런 일을 하시는군요. 신기하네요." 대부분은 처음 듣는 직업이라고 말한다. 요즘처럼 금값이 많이 오른 시기에는 "금을 맨날 만지세요?" "저한테도 금 좀 선물해 주세요" 하는 농담도 심심찮게 듣는다.

환경을 보호하고 부가가치도 높은 일

　사람들의 반응에서도 알 수 있듯이 아직 자세한 내막을 모르는 사람들이 많다. 모르는 사람이 거의 대부분이다. 사정이 이렇다 보니 내 직업을 설명할 때는 "전자제품에서 금을 추출하는 기술직"이라고 하면 가장 이해하기 쉬운 것 같다.

　복잡한 설명보다는 일상생활에서 쉽게 볼 수 있는 예시를 들어서 설명하는 게 효과적일 때가 많다. 휴대전화, TV, 컴퓨터 같은 것에서 금을 추출한다는 설명 말이다. 그러면 대부분 사람들이 "아, 그런 일도 있구나" 하면서 신기해한다. 그리고 환경에 좋은 일이라는 것도 금방 이해한다.

　20여 년 이 일을 하면서 사람들에게 설명하는 나만의 방법이 생겼다.

　첫째, 복잡한 기술적 설명은 피한다. 전해정련이니 화학적 처리니 이런 말은 하지 않는다. 둘째, 일상에서 볼 수 있는 것들로 예를 든다. 핸드폰, 컴퓨터 등에서 금을 추출한다고 설명하는 식이다. 셋째, 환경적 가치를 강조한다. "버려지는 걸 재활용하는 일"이라고 말하면 대부분 긍정적으로 받아들인다.

이렇게 설명하면 거의 모든 사람이 이해하고, 대부분 "좋은 일 하시네요"라고 반응한다. 간혹 "돈 많이 벌겠네요"라고 하는 사람도 있지만, 그럴 때는 "쉬운 일은 아니에요"라고 대답한다.

다행히도 내 직업은 사람들에게 설명하기에 어렵지 않은 일이다. 다만 아직 많이 알려지지 않은 분야라는 게 특징이라면 특징이다. 그래서 설명할 때마다 사람들이 신기해하는 반응을 보인다.

인연 혹은 운명

어느 날, 우연히 사주를 본 적이 있다.

그분이 내 얼굴을 유심히 보더니 "지금 무슨 일 하시나요?" 하고 물었다.

나는 머뭇거리다가 "반도체 회사를 다닌다"고 말했는데 고개를 절레절레 흔들면서 뭔가 귀금속 쪽이라고, 솔직히 말해보라는 거 아닌가.

나는 화들짝 놀라서 "금 관련된 일을 합니다." 그러자 그분의 눈빛이 반짝였다.

"자네는 금과 아주 특별한 운명이야. 직업을 잘 선택했어."

그 말이 씨가 된 것일까. 나는 반도체 회사의 후처리 생산직 사원에서 지금은 '도시광산'이라 불리는 금 추출 공장을 운영하는 사람이 되었다.

금과의 인연

고등학교 시절, 부모님이 사주셨던 18K 금목걸이를 늘 목에 걸고 다녔던 기억이 있다. 지금 생각해 보면, 그때부터 이미 금을 좋아했던 것 같다. 그사이 금값은 열 배 넘게 올랐고, 내 삶도 그만큼 달라졌다.

도시광산은 폐가전제품, 폐휴대전화, 산업폐기물 등에서 금, 은, 구리 등 유용한 금속을 추출해 재활용하는 산업이다. 광물을 캐는 전통적인 광산과 달리 사용하고 버린 폐가전제품에서 자원을 얻는 형태를 '도시광산'이라고 부른다. 이렇게 금을 추출하는 산업이 활발하게 이뤄지고 있는 곳이 바로 반도체나 휴대전화 업계이다.

흥미로운 것은 효율성이다. 금 원석 1톤에서 채취할 수 있는 금의 양은 평균 5g에 지나지 않지만, 과거의 폐휴대전화 1톤에서는 많게는 100g 이상의 금을 추출할 수 있었다. 도시광산이 갖는 압도적인 효율성을 보여주는 대목이다.

특히 반도체 업계와 도시광산은 매우 밀접한 연관성을 가지고 있다. 금은 전기 전도성이 뛰어나고 부식이 되지 않아 반도체나 회로기판, 컴퓨터나 스마트폰 등의 부품에 쓰인다. 특히 반도체 칩 제조 과정에서 금은 필수적인 소재라고 할 수 있다.

통신 서버 장비에는 A급 또는 B급 기판으로 분류되는데, 그중 A급 기판 중에는 겉으로는 잘 드러나지 않지만 놀라울 만큼 높은 금 함량을 가진 부품들이 숨어 있다. 일반적으로 알려진 '골드 CPU'보다 더 높은 가치를 지닌 경우도 있다. 도시광산을 통한 우리나라의 금 회수량은 1년에 약 1만 3천4백9십6kg 정도다. 가장 많은 양이 반도체 등의 부품인 인쇄회로기판에서 추출되며 약 8615kg 정도의 금이 나온다. 이는 전체 도시광산 금 회수량의 약 64%에 해당하는 비중으로, 반도체 업계가 도시광산의 핵심 자원 공급원이라는 뜻이다.

"돈을 왜 쓰레기통에 버리나!"

나는 사회생활을 PCB 반도체 제조 회사에서 시작했다. 지금 생각해 보면, 그때부터 이미 금과의 인연은 시작되고 있었던 것 같다. 라우터 부서에서 가공 작업을 하던 나는, 그때까지만 해도 불량으로 나온 제품은 그냥 폐기물이라 생각했다. 금테가 둘러싸인 회로기판도, 그저 버려야 할 쓰레기라고 믿고 아무렇지 않게 쓰레기통에 넣었다.

그러던 어느 날, 갑자기 회사 전체에 "모든 불량제품을 폐기하지 말라"는 지시가 떨어졌다. 평소에는 절대 현장에 오지 않던 전무님까지 직접 내려오셔서 나를 불렀다. "자네, 이게 뭔지 알고 버리는 건가? 돈을 쓰레기통에 버리면 안 돼! 앞으로는 꼭 따로 모아두게." 그 순간, 나는 멍해졌다. 그동안 내가 아무 생각 없이 버려왔던 것들이 실제로 '금'이었다는 사실을, 그제야 처음 알게 되었다. 충격이었고, 동시에 깨달음이었다.

돈을 벌 기회가 찾아오다

그때까지만 해도 내가 나중에 도시광산이라는 산업에 뛰어들게 될 줄은 꿈에도 몰랐다.

그저 "아, 금은 이렇게 쓰이고, 회사도 이걸로 부수입을 얻는구나" 그 정도로만 생각했다. 하지만 마음 한쪽에서는 자그마한 소망이 조용히 피어나고 있었다. "언젠가 나도, 이 금으로 돈을 벌 수 있는 기회가 오면 좋겠다." 그 작은 소망이 훗날 내 현실이 될 줄은, 그때는 정말 상상조차 못 했다.

술 한 잔에 인생이 바뀌다

그런 절실함이 통한 걸까. 며칠 뒤, 아는 선배를 통해 우연히 술자리에 나가게 되었고, 그 술자리가 내 인생을 바꿔놓았다.

"이 동생, 금에 관심 많거든. 여기 이 친구가 도시광산 오래 한 친구야."

선배는 나를 지인에게 소개해 주면서 금 정련을 배워보라고 권했다. 나도 망설이지 않고 정중하게 물었다. "혹시 제가 금을 배우려면 어떻게 해야 할까요?" 지인은 그런 내 태도를 좋게 봤는지, 차분히 설명해 줬다.

"반도체 회사에서 일한다고 했지? 일단 회사에서 나오는 금을 누가 사 가는지, 그리고 그 금이 어떤 경로를 거쳐 되팔리는지 그 과정을 한 번 쭉 조사해 봐. 그러면 이 시장이 어떻게 돌아가는지 감이 올 거야."

그는 내게 그 과정을 스스로 학습해 보고 그래도 금 정련 일을 하고 싶으면 연락하라며 명함을 건넸다. 명함엔 'OO금속' 대표라고 적혀 있었다.

'금을 추출하는 일로도 사업을 할 수 있구나. 공부해봐야겠다.'

그날 이후, 그는 내 삶의 방향을 바꾼 사람이 됐다.

나는 선배 지인의 조언대로 폐기물 처리 과정을 공부하기 시작했다. 실제로 회사에서 폐기물을 수거한 업체가 이를 어디로 가져가는지 알기 위해 퇴근하고 잠복한 적도 있었다. 고물상에서 수집해서 처리할 거란 내 예상은 보기 좋게 빗나갔다. 당시 내가 근무했던 지역은 안산의 반월공단이었는데 그 주변에는 대형 고물상이 즐비한 지역이라, 그 방향으로 갈 거라 생각했다. 차량은 예상과 달리 안산을 벗어나, 한참을 달려 용인의 한 공장으로 향했다. 알고 보니 그곳은, 전자폐기물에서 금을 추출하는 도시광산 공장이었다.

배움의 문이 열리다

 선배의 지인을 다시 마주한 자리에서, 난 조심스럽게 말을 꺼냈다. "대표님, 저… 용인의 공장까지 가봤습니다. 정말 신기하더라고요. 정말 열심히 배울 자신 있습니다. 가르쳐주실 수 있을까요?"

 절실한 표정으로 진심을 담아 부탁했다. 선배의 지인은 한참을 망설이다가 마침내 입을 열었다. "그래, 가르쳐줄게." 그 말이 끝나는 순간, 드디어 기회가 찾아왔다는 확신이 들었다. 이 업계에서 '금 정련을 가르쳐주겠다'는 말은 흔히 들을 수 없는 말이었기 때문이다. 이 업종 특성상 시장 규모가 크지 않아 소수 업체가 독점적으로 운영하고, 자기만의 기술이나 노하우는 좀처럼 밖으로 공개하지 않으려 한다. 선배의 지인이 말을 이었다. "네가 배울 마음이 진심이라는 게 느껴져서 가르쳐주는 거야. 열심히만 하면, 너도 언젠가는 이런 공장 하나 차릴 수 있을 거다." 그 말 한마디가, 큰 힘이 되어, 해낼 수 있겠다는 용기를 심어주었다.
 그날 이후, 쉬는 날이면 어김없이 선배의 지인을 따라다녔다. 처음에는 단순히 기술만 배우면 될 거라 생각했지만, 그가 가장 먼저 강조한 것은 다른 것이었다.

"금 정련에서 제일 중요한 건, 추출 기술이 아니라 '영업'이야."
"금을 빼려면, 먼저 '뺄 물건'이 있어야 하겠지?"

나에게는 특히 그 말이 가슴속 깊이 와닿았다. 아무리 기술이 뛰어나도, 작업할 물건이 없으면 무용지물이라는 것을 그때 처음으로 깨달았다. 모든 산업은 결국 '영업력'이 있어야 돌아간다는 것. 어린 나이였지만, 그때 배운 진리는 지금까지도 나를 이끄는 중요한 기준이 되었다.

'투잡'으로 영업을 하다

세상의 모든 일이 그렇듯, 새로운 일을 시작하려면 시간과 노력이 꼭 필요하다. 지금 하고 있는 일을 섣불리 그만두고 새로운 길에 전부를 거는 건 현실적으로 쉽지 않은 선택이다. 나 역시 그랬다. 교대근무가 있는 날엔 회사에서 맡은 바를 충실히 해내고, 퇴근 후나 주말과 같은 남는 시간을 활용해 조심스럽게 영업을 배우기 시작했다.

첫 시작은 주변 지인들에게 내가 일하는 공장을 소개하고, 온라인 카페에 짧은 글을 올리는 등 아주 소소한 일부터 시도했다. 그렇게 하나둘 실전 경험이 쌓이면서 점차 자신감도 붙었다. 이런 작은 시도를 반복하다 보니, 영업의 매력을 알게 되었고 조금씩 더 적극적으로 움직이기 시작했다. 특히 나만의 방식으로 결과를 만들어내는 즐거움과 성취감이 쌓이면서, 이 일에 점점 더 깊이 빠져들게 되었다.

영업에 왕도는 없다

 지금도 그렇지만, 나는 영업만큼은 정말 '빡세게' 한다. 평범하게 일해서는 결코 경쟁에서 이길 수 없다. 시장에서 인정받고 살아남으려면, 사람들의 기대를 뛰어넘는 결과물을 보여줘야 한다. 틈날 때마다 온라인 카페에 글을 올리고, 블로그도 꾸준히 포스팅했다. 쉬는 날이면 공단 지역을 직접 돌며 전봇대에 스티커를 붙이고, 반도체 회사 주차장에 세워진 차량마다 일일이 명함을 꽂았다. 이른바 '발로 뛰는 영업'이었다.

'PCB 최고가로 매입합니다.'

 공단 사거리에 현수막도 내걸었다. 그 시절엔 많은 회사들이 폐기물을 고물상에 헐값에 넘기곤 했다. 나는 이 틈을 놓치지 않고, 더욱 집중해서 움직였다. "PCB 최고가 매입합니다." 이 문구 하나가, 처음으로 나를 거래처들에서 '기억할 만한 사람'으로 만들어 주었다.

금 추출 전 샘플 작업

여기서 잠깐 '샘플 추출' 과정에 대해서 간략히 이야기하고 싶다. 금 추출 작업을 진행하기 전에, 실제로 해당 공장의 폐기물에서 얼마나 많은 금이 나올지를 미리 파악하는 과정이 있다. 이것을 '샘플 작업'이라고 한다. 샘플 작업이란, 폐기물 중 일부를 무작위로 가져와서 분석해 보는 것이다. 이 과정에서 일정량의 금이 확인되면, 본격적으로 대량의 폐기물을 매입하게 된다. 즉, 샘플 작업은 금 정련과 매입의 가장 중요한 첫 단계인 셈이다.

바로 이 과정에서 신뢰를 깨뜨리는 일들이 종종 일어난다. 예를 들어, 폐기물 자루 안에 담긴 1톤의 폐기물 중 상단에만 금 함량이 높은 폐기물을 얹어 놓고 하단에는 거의 금이 없는 폐기물을 채워 넣는 경우가 있다.
경험이 부족하거나 이제 막 정련 사업을 시작한 사람은 겉으로 드러난 상단 폐기물을, 표본을 뽑은 뒤, 전체 폐기물의 금 함량을 잘못 판단하고 무턱대고 많은 양을 구매했다가 큰 손해를 보는 경우가 많다. 이러한 사례는 이 업계에서 생각보다 흔히 발생하는 일이다.

그만큼 샘플링 과정에서 신중하고 꼼꼼하게 접근하는 것이 이 사업에서 오랫동안 살아남는 가장 기본적인 원칙이다.

나 역시 처음에는 이런 식으로 사기를 많이 당했다. 사기를 친 사람이 오히려 당당하게 화를 내는 경우도 있었다. "왜 금이 이 것밖에 안 나와요? 당신들이 중간에 금을 빼돌린 거 아니야?" 이런 식으로 나온다. 정해진 작업비를 받고 폐기물에서 금을 추출해 주는 작업이었지만, 금이 기대보다 적게 나오면, 작업한 우리가 마치 금을 빼돌린 것처럼 몰아붙이는 것이다. 폐기물의 양에 따라 작업비를 받는 입장에선 정말 억울하고 속이 상하는 일이었다.

지금 생각하면 그 사람들의 반응도 어느 정도 이해는 된다. 당시 일부 고물상들이 폐기물을 거래할 때 잦은 속임수를 쓰다 보니, 금 추출 업계 전체에 대한 신뢰도가 이미 크게 낮아져 있던 시기였기 때문이다. 한 번 사기를 당하면, 아무리 열심히 영업해도 그 달 수입으로는 손실을 메우기도 급급해서 대부분은 적자를 보는 경우가 많았다.

"열심히 하는 건 좋은데, 매입은 함부로 하는 게 아니야." 공장

대표는 내게 일찍부터 주의를 주었지만, 나는 정작 직접 경험한 뒤에야 그 말의 의미를 깨달았다. 역시 세상에는 직접 겪어봐야만 배우게 되는 지식들이 있다.

그럼에도 영업 수익만큼은 매력적이었다. 금 추출 영업으로 벌어들이는 수입은, 어느새 회사 월급을 웃돌기 시작했다. 단지 수수료 10%만으로도 수백만 원이 손에 들어왔다. 이쯤 되니 생각이 달라졌다. '내가 직접 금 정련 사업을 하면 어떨까?' 머릿속에 이런 고민이 선명해졌다. 부업으로 얻는 순수익이 천만 원을 넘어섰을 때, 나는 과감히 사직서를 제출했다. 금 정련, 도시광산을 전업으로 삼아야겠다는 확신이 생긴 것이다. 그 당시 내 나이는 스물일곱이었다.

시장의 틈새를 만들다

이미 누군가가 독점하고 있는 듯 보이는 시장에서도 항상 빈틈은 존재한다고 나는 믿는다. 당시 안산 지역에는 금 정련 공장들이 적지 않았지만, 실질적인 시장의 주도권은 제품을 생산하는 반도체 회사들이 갖고 있었다. 만약 그들이 버리는 폐기물에 대해 정당한 금액도 받지 못한 채 그대로 넘기고 있다면, 분명 그 안에 틈새시장이 있을 것이라고 판단했다. 그리고 실제로 내 예상은 정확히 들어맞았다.

시장의 판도를 바꾸다

그 당시 고물상들은 아마도 손쉽게 큰돈을 벌었을 것이다. 폐기물 1kg당 만 원도 채 되지 않는 가격에 반도체 회사에서 물건을 받아와, 몇 배의 차익을 붙여 정련 공장에 넘겼으니 말이다. 반도체 회사 차원에서도 '폐기물을 가져가면서 오히려 돈까지 주겠다'고 하니 고물상과 거래하지 않을 이유가 없었다.

하지만 나는 조금 다른 전략을 선택했다. 단기적으로 수익이 적더라도, 차액을 줄여 더 많은 거래처를 확보한다면 장기적으로는 더 큰 수익을 가져올 것이라고 판단했던 것이다. 이런 확신 아래, 나는 과감하게 kg당 5~7만 원이라는, 다른 고물상보다 훨씬 높은 매입가를 제시했다. 샘플 작업을 통해 함량과 가치를 정확히 평가했기에 이 같은 결정도 자신 있게 내릴 수 있었다. 시간이 흐르면서 나에 대한 신뢰도 점차 쌓였고, 어느새 여기저기에서 문의가 들어오기 시작했다. 내 이름이 시장에 알려지기 시작했다는 뜻이었다.

"다음 달부터는 kg당 8만 원으로 올려드리겠습니다."

내가 가격을 올리자, 거래처에서는 오히려 내 걱정부터 했다.

"아이고, 전 부장, 그렇게 해서 남는 게 있겠어?" 나는 흔들리지 않았다. 지금은 수익보다 거래처를 늘리는 게 우선이었다. 신뢰만 쌓으면, 수익은 얼마든지 따라올 거라는 확고한 믿음이 있었다. 한 달이 지나 창고는 어느새 노란 포대로 빼곡하게 들어찼다. 쌓여가는 포대만큼이나 내 안에 희망도 자신감도 차오르기 시작했다.

어느 날 함께 일하는 공장 대표가 내게 말했다. "OO전자에서도 연락이 왔어. 조건이 어떻게 되냐고 묻더라고." "그래서 뭐라고 답하셨어요?" "일단 kg당 7만 원이라고 했더니, 물량은 얼마나 받을 수 있냐고 하더라." 나는 벽에 걸린 지도를 바라봤다. 빨간색 핀으로 표시된 거래처들이 하나둘 늘어나 있었다. 이미 수많은 중소 반도체 회사들과 거래가 성사된 상태였다.

전화벨은 쉴 새 없이 울렸다. "여보세요, OOO 회사입니다. 폐기물 매입 가능하신가요?" "네, 물론입니다. 가격 높게 드릴 테니까 물량만 많이 주세요."

이제 더 이상 중개만 할 게 아니라, 내 이름을 걸고 제대로 된 공장을 차려야겠다는 생각이 들었다. 그렇게 나는 내 이름을 건 도시광산 사업을 시작하기로 결심했다.

동업을 권하는 이유

지금도 금 정련 공장으로 사업을 시작하려는 이들이 많다. 그런데 알아두어야 할 부분은 혼자서 프리랜서처럼 영업만 할 때와 직접 공장을 운영하는 것은 완전히 다르다는 점이다. 공장을 제대로 운영하려면 무엇보다 금 추출을 책임질 숙련된 기술자가 반드시 필요하다. 대부분은 연봉 계약으로 기술자를 고용하지만, 나는 처음부터 기술자와 동업을 선택했다.

내가 직접 영업을 맡고, 비용도 모두 책임지는 대신 수익은 정확히 50대 50으로 나누는 구조였다. 기술자 역시 영업과 수익의 상관관계를 잘 알고 있었기에 단순한 고용 관계보다는 동업 형태를 선호했다. 동업의 가장 큰 장점은, 서로가 완전한 '운명공동체'가 된다는 것이다. 단순히 월급을 받는 입장과는 달리, 동업자는 스스로 사업의 주인이라고 생각하기 때문에 모든 과정에 있어 더욱 진심을 다하게 된다.

추후에 자세히 다루겠지만, 금 추출 작업을 담당하는 기술자와의 신뢰 관계는 무엇보다 중요하다. 만약 작업자가 마음만 먹으면 금을 빼돌릴 수 있기 때문에, 사장은 언제든지 손해를 볼 수밖에 없는 구조다. 실제로 이런 도덕적 해이로 인해 크고 작은 문제가 빈번하게 발생하곤 한다. 하지만 동업의 형태라면, 이러한 도덕적 문제를 최소화할 수 있다. 그래서 나는 이 일을 시작하려는 사람에게 가능하다면 기술자와 동업 형태로 사업을 시작하라고 권고한다.

금 정련은 고도의 기술력을 요구하는 분야다.
순도 99.99% 이상의 금을 생산하기 위해서는
전해정련 법과 같은 첨단 기술과
정밀한 장비가 필요하다.
전해액을 25°C로 유지하며 300rpm으로
휘젓는 등 매우 정교한 공정 관리가 요구된다.

금 정련공장을 매입하는 법

업계에서는 흔히 "금 정련공장은 허가가 까다로워서 매물이 잘 나오지 않는다"고 말한다. 금값이 연일 최고치를 경신하며 귀금속 관련 사업에 대한 관심이 크게 높아지고 있지만, 실제로 금 정련공장을 인수하거나 새로 설립하려고 하면 현실적인 벽에 부딪히게 된다는 것을 나 역시 몸소 경험했다.

금 정련 사업을 시작할 때 가장 큰 진입장벽은 다름 아닌 '환경 규제'라는 것을 깨달았다. 현행 「대기환경보전법」에 따르면, 금을 정련하는 과정에서 발생하는 대기오염물질에 대한 배출시설설치허가를 반드시 받아야 한다. 허가를 받으려면 원료 사용량과 그에 따른 대기오염물질 배출량을 명확히 예측한 명세서를 작성하여 제출해야 하며, 배출허용기준 이하로 오염물질을 처리할 수 있는 방지시설 설치 또한 필수적이다.

특히, 2020년부터는 특정대기유해물질 24종에 대한 별도의 배출기준이 추가로 설정되어 환경관리가 더욱 엄격해졌다. 이러한 규제는 금 정련 사업을 희망하는 사업자에게 실질적인 부담이 될 수밖에 없다는 것을 실감했다. 따라서 금 정련공장을 매입하거나 새롭게 사업에 진출하려면 환경 규제를 정확히 이해하고, 법적 허가 절차에 대한 철저한 준비가 반드시 필요하다. 아무리 매력적인 사업이라도, 현실적인 규제를 꼼꼼히 챙기지 않으면 사업 자체가 불가능한 경우도 많다는 것이 냉혹한 현실이었다.

기술적 복잡성과 높은 투자 비용

처음 이 일을 시작하면서 금 정련은 고도의 기술력을 요구하는 분야라는 것을 알게 되었다. 순도 99.99% 이상의 금을 생산하기 위해서는 전해정련 법과 같은 첨단 기술과 정밀한 장비가 필요하다. 염화금산 농도 100g/ℓ 와 염산 농도 120g/ℓ 로 조성된 전해액을 25℃로 일정하게 유지하고, 이를 300rpm의 속도로 휘젓는 등 매우 정밀하고 까다로운 공정 관리가 필수적이다.

이러한 기술적 요구사항은 곧 막대한 초기 투자 비용으로 이어진다는 것도 경험했다. 정련 설비뿐만 아니라 엄격한 환경 규제를 준수하기 위한 고가의 방지시설과 실시간 감시 체계까지 갖추어야 하기 때문이다. 이러한 현실적 장벽 때문에 나 역시 처음 공장을 열 때는 기존에 허가받은 공장을 인수하는 방식으로 시작했다.

즉, 단순히 설비만 매입하는 것이 아니라 해당 공장의 허가 자격까지 함께 확보하는 개념이다. 하지만 이 또한 쉽지는 않았다. 지역마다 총량제를 적용해 공장 수를 제한하기 때문에, 내가 원하는 지역의 매물을 찾기란 정말 어려운 일이었다.

금 정련공장이 독과점인 이유

내가 처음 이 일을 시작할 당시에는 허가받지 않은 사람들이 야산 근처에 비닐하우스를 세워놓고 불법으로 금 추출을 하는 경우도 있었다. 금 정련 과정에서 사용되는 염산이나 질산과 같은 유독 약품들이 그대로 배출되어 땅이 노랗게 변할 정도로 심각한 환경 오염이 발생하기도 했다. 돈을 버는 데 급급해 환경 피해를 전혀 고려하지 않는 사례였다. 물론 이 작업장들은 모두 신고를 통해 폐쇄되었다.

이처럼 금 정련 사업은 허가 절차와 엄격한 규제 때문에 자연스럽게 소수 업체가 시장을 과점할 수밖에 없는 구조라는 것을 나는 깨달았다. 또한 금 정련 산업은 다른 분야에 비해 초기 설비 투자비가 상대적으로 적고 기술 중심의 집약적 산업이라는 특성이 있다. 소규모 인력과 높은 전문성으로 운영할 수 있기 때문에 비교적 진입 희망자가 많은 것도 사실이다.

나 역시 만약 20년 전이 아닌 2025년에 금 정련공장 창업을 결심했다면 아마도 자리를 잡는 데 지금보다 훨씬 더 많은 어려움을 겪었을 것이다. 그만큼 지금은 경쟁도 치열하고 정부의 규제 역시 매우 강화되었기 때문에, 새롭게 이 사업에 뛰어들려는 사람이라면 이러한 현실적 상황을 꼭 염두에 두어야 한다고 생각한다.

가끔 내게 "돈을 줄 테니 금 정련 기술을 알려달라"고 요청하는 사람들도 있다. 하지만 나는 그렇게 묻는 이들에게 항상 이렇게 말한다. 금 정련 사업에서 자본 투자만큼이나 중요한 것은 현장을 이해하려는 태도와 꾸준한 배움, 그리고 지속적인 노력이라고. 공장을 인수했다고 해서 누구나 성공하는 건 아니다. 이 책의 후반부에서 더욱 자세히 다루겠지만, 금 정련은 위험이 따르는 분야이고, 꾸준한 노력이 반드시 뒷받침되어야 한다. 물론, 그 노력만큼이나 분명한 금전적 보상을 기대할 수 있는 매력적인 분야임에도 틀림없다.

갑작스러운 위기를 맞다

2008년, 첫 공장을 열고 거래처가 하나둘씩 늘어날 때만 해도 "이 일은 비수기가 없구나" 싶었다. 한 번 거래를 시작하면 대부분 1년 이상 계약을 유지했고, 조건만 맞춰주면 새로운 고객을 유치하는 것도 어렵지 않았기 때문이다. 그만큼 나는 '안정적이면서도 수익성 있는 일'이라는 확신에 차 있었다.

하지만 그 생각이 착각이었다는 걸 깨닫는 데는 꽤 오랜 시간이 걸렸다.

위기는 예고 없이 찾아온다

2017년 8월 말, 불안한 신호가 감지되기 시작했다. 회사 매출의 15%를 차지하던 주요 거래처인 R 업체에서 다음 달부터 납품 물량을 30% 줄이겠다는 연락이 온 것이다.

"업계 전반이 어렵다고 하네요. 신규 수주가 급감했다고…"

동업자인 Y의 목소리에는 당혹감이 묻어 있었다. 그제야 나는 영업에만 몰두하느라 미처 확인하지 못했던 다른 거래처들의 상황을 하나씩 점검해 보기 시작했다. 그리고 곧, 불길한 예감은 현실이 되었다는 것을 깨달았다.

9월 둘째 주, S 전자의 협력업체로부터도 물량 축소 통보가 들어왔다. 반도체 시장 둔화로 인해 금 와이어 수요가 예상보다 빠르게 줄고 있다는 설명이었다. "이상하네… 일이 하나둘씩 줄어들기 시작하네." 두 달이 지났을까. 어느 월요일 아침, 요란한 벨소리에 잠에서 깼다. J 전자의 김 부장이 급한 목소리로 말을 꺼냈다.

"전 대표님, 정말 죄송한데… 우리 회사, 이번 주 금요일까지 정리하고 문을 닫게 됐습니다." 순간, 말문이 막혔다. J 전자는 매달 3톤 이상의 제품을 꾸준히 의뢰하던 안정적인 고객사였다. 그런데 주거래 은행의 갑작스러운 대출 회수로 인해, 자금 운용이 어려워졌다는 것이다.

"그럼 이번 달 물량은 어떻게 되는 거죠…?"

"정말 죄송합니다. 더 이상 드릴 수가 없습니다."
 J 전자의 부도로 인해 관련 협력업체들까지 영향을 받을 것은 불 보듯 뻔했다. 이들과 거래하던 우리 고객들 역시 도미노처럼 흔들리기 시작했고, 우려했던 불안은 현실이 되었다. 마치 수문이 닫혀버린 댐처럼, 순식간에 물량이 끊겼다. 정련 설비는 멈춰섰고, 24시간 돌아가던 기계들이 조용히 멈췄다. 그날 이후, 나는 동업자 T와 함께 하루 종일 기계가 멈춘 공장 한가운데서 그저 서로의 얼굴만 바라보고 있었다.

적자 상태로 돌아서다

2017년 12월, 정련소는 사실상 반 휴업 상태에 들어갔다는 것을 인정할 수밖에 없었다. 기계들은 모두 멈췄고, 공장 안은 숨죽인 듯 고요했다. 윙윙거리던 정련 설비 소리는 사라지고, 냉각수 순환 펌프만이 외롭게 돌아가고 있었다.

"물량이 이렇게까지 없을 줄은 몰랐네… 미안. 내가 어떻게든 해볼게."

동업자인 Y에게 어색하게 웃으며 말을 건넸지만, 분위기는 무거웠다.

"10년 넘게 해왔지만, 이렇게까지 물량이 끊긴 건 처음이야."

물론 경기 침체는 종종 있었다. 하지만 이렇게 갑작스럽고 완전히, 마치 수도꼭지를 잠근 듯 물량이 뚝 끊긴 적은 없었다. 월말 정산표를 열어본 순간, 눈앞이 아득해졌다. 전년 동월 대비 매출 85% 감소. 고정비만으로도 이미 적자 상태였고, 자금 흐름은 완전히 막혀 있었다.

"직원들 월급은… 어떻게 하려고요." Y가 조심스럽게 물었다.

12월 급여일이 코앞이었다. 그 질문에 한참 동안 말이 나오지 않았다. 10년 동안 키워온 회사. 힘든 시기를 수없이 지나왔지만 단 한 번도 직원들 월급을 못 준 적은 없었다.

"내 적금이라도 깨어서, 직원들 월급은 줘야지." 그렇게 마음을 먹었다. 하지만 우리는 알고 있었다. 이 상황이 한두 달 더 지속되면, 회사 자체가 흔들릴 수도 있다는 걸. "정부에서 중소기업 긴급 자금 지원 나온다고 하던데…" 동업자 Y가 작은 희망처럼 이야기를 꺼냈지만, 나는 고개를 저었다. 대출은 결국 '갚아야 할 돈'이라는 것을 나는 너무나 잘 알고 있었다. 물량이 돌아올 기약도 없는 상황에서 빚만 늘리는 선택이 정말 옳은 걸까? 나는 그 질문 앞에서 아무 말도 할 수 없었다.

택배 알바를 뛰다

당시 상황에서 직원들을 자를 수는 없었다. 회사가 어려워도 사람을 책임지는 게 사장의 몫이라고 믿었기 때문이다. 그렇다고 손 놓고 있을 수도 없었다. 직원들 급여라도 메꾸려면 무슨 일이든 해야 했다.

"배곧신도시에 택배 자리 하나 나왔는데, 네가 해볼래?" 사정이 어렵다는 걸 알고 있었는지, 친한 친구가 조심스럽게 제안을 건넸다. 당시 배곧은 이제 막 신도시로 개발되던 시점이라, 자리를 잘 잡으면 장기적으로 안정적인 구역이 될 수 있다는 얘기였다.

"내가 할게. 지금은 이것저것 가릴 처지도 아니야. 일단 차부터 마련해야겠다." 앞뒤 따질 상황이 아니었기에 나는 고민할 겨를도 없이 곧장 대답했다.

세상에 쉬운 일은 없다

택배 일을 시작해 보니, 생각했던 것보다 훨씬 고됐다. 실수 하나에도 욕설은 기본이고, 여름에는 땀에 젖은 몸으로 20kg 쌀포대를 들고 고장 난 엘리베이터를 오르내려야 하는 일이 허다했다. 정련소에서 10년 넘게 일하면서도 이렇게 육체적·정신적으로 동시에 소모되는 일은 처음이었다.

어느 날 오후 3시, 한창 배송을 돌고 있을 때였다. 문자 한 통이 날아왔다.

'야 이 새끼야! 내 택배 어디다 놨어? 찾을 수가 없잖아!'

순간 멍해졌다. 분명 해당 동호수 앞에 놓고 벨까지 눌렀는데, 무슨 일이지?

잠시 후, 연달아 문자가 왔다.
'택배 새끼들은 진짜 일을 개판으로 하네! 집에 없으면 문자라도 보내야 하는 거 아냐? 아니면 경비실에라도 맡기든가!' 그리고 이어지는 욕설 섞인 문자.

'진짜 머리에 뭐가 들었나? 일 제대로 못 할 거면 하지 마! 우리가 택배비 공짜로 내는 줄 알아?'

알고 보니 송장 오류였다. 101동으로 기재되어 있었지만, 실제 수령인은 102동이었다. 주문자 측의 착오였을 가능성이 컸지만, 나는 일단 사과부터 해야 했다.

"죄송합니다! 바로 다시 배송해 드릴게요!" 그런데 상대는 전화를 걸어와 더 격앙된 목소리로 쏟아냈다. "뭐가 죄송해? 너 때문에 회사 일정 다 틀어졌잖아! 책임져!"

나는 반복해서 고개를 숙였다. "죄송합니다. 지금 바로 가져다 드리겠습니다." 하지만 문자는 계속해서 쏟아졌다. 30분 동안 20통이 넘는 욕설이 핸드폰을 채웠다. 휴대전화를 꺼버리고 싶었지만 다른 고객들 연락도 받아야 했기에 그럴 수도 없었다. 참기 힘들었지만, 아이들의 얼굴이 떠올라 고개를 숙일 수밖에 없었다. 지금 포기하면 모든 게 무너질지도 모른다는 생각뿐이었다.

공장을 살리기 위한 노력

저녁 7시. 택배 일을 마치고 집에 돌아오면, 진짜 중요한 일이 그때부터 시작이었다. 허겁지겁 저녁을 먹고, 노트북을 펼쳤다. 영업 카페에 글을 올리고 댓글을 달았다. "저희는 고순도 금 정련 전문업체입니다. 소량도 정성껏 작업합니다. 믿고 맡겨주세요." 다른 게시글에도 일일이 댓글을 달았다. 진심을 담아 소통하고, 네트워킹을 시도했다.

낮에는 택배기사, 밤에는 영업사원. 그렇게 이중생활을 몇 달째 이어갔다. 틈날 때면 공단 지역을 직접 돌았다. 작업복을 입고 플래카드를 걸고, 전단지를 업체마다 끼워뒀다. 누가 보든 말든 상관없었다. '지금 흘리는 이 땀과 시간, 언젠가는 반드시 나를 살릴 자산이 될 거야.' 지금 생각해 보면 그 믿음 하나로 버텼던 것 같다. 언제 터질지 모를 가능성에 모든 것을 걸고, 나는 하루하루를 버텨냈다.

다행히 영업 카페에서 조금씩 반응이 오기 시작했다. 몇몇 업체에서 관심을 보였고, 실제로 미팅 요청도 들어왔다. 하지만 대부분은 이렇게 끝났다. "지금은 거래처가 있어서요. 기회 되면 나중에 연락드릴게요." 웃음 뒤에 남은 건 허탈함뿐이었다. 하지만 나는 그래도 물러서지 않았다. 기회는 준비된 자에게 오는 게 아니라, 포기하지 않은 자에게 온다는 걸 나는 믿었다.

작은 희망에 숨겨진 가능성

그리고 정확히 6개월쯤 지난 어느 날, 휴대전화가 울렸다.

"전 대표님이시죠? 영업 카페에 올리신 글을 보고 연락드렸습니다."
"네, 맞습니다."
"저희가 소량이지만 금 정련이 필요한 물건이 있어서요. 한 번 만나 뵙고 말씀드릴 수 있을까요?"

반년 만에 받은 정식 문의였다. 심장이 뛰었다. 다음 날, 나는 곧장 그 업체를 찾아갔다. 작은 전자부품 제조업체였고, 물량은 많지 않았지만 주기적으로 나오는 회사였다.

"언제부터 시작 가능하신가요?" 업체 사장이 조심스럽게 물었다. 나는 망설임 없이 단호하게 답했다.
"지금 당장이라도 가능합니다."

거래처를 살려내다

그 한 통의 전화가 시작이었다. 그 업체의 소개로 또 다른 소규모 업체들에서 연락이 오기 시작했고, 소량의 물량이 들어오기 시작했다. 규모는 작았지만, 나에게는 분명한 희망의 신호였다. 그렇게 하나둘 들어오는 소량의 물량 덕분에 택배 일을 하지 않아도 될 만큼 매출이 점차 안정되기 시작했다.

시간이 지날수록 고민도 깊어졌다. 정련소와 택배 일을 병행하기엔 체력도, 시간도 한계가 명확했다. 마침내 나는 택배 일을 정리하고, 일에 썼던 차량도 중고로 내놓았다.

나는 이제 다시 돌아갈 시간이라는 걸 알았다. 정련소에 다시 불이 켜졌다. 꺼졌던 기계들이 다시 돌아가고, 직원들이 익숙한 작업복을 꺼내 입었다. 익숙한 열기, 기계 소리, 금속 냄새까지. 모든 게 그리웠던 풍경이었다. 나는 작업장 한가운데 서서 생각했다.
'내가 있어야 할 곳은 역시 여기였어.'

6개월의 택배 경험은 내게 잊을 수 없는 시간을 안겨줬다. 무엇보다도 '일이 있다는 것'이 얼마나 큰 축복인지, 몸으로 절실히 느꼈던 시간이었다. 또한 그 시간은 나에게 사람을 대하는 자세, 영업하는 태도까지도 바꾸게 했다.

그전까지는 일에 어느 정도 자신감도 있었고, 일이 끊기지 않으리라는 막연한 믿음도 있었다. 그래서 일거리가 많을 때는, 굳이 돈이 안 되고 힘든 고객은 받지 않았고, 영업도 한발 물러서 있곤 했다.

그제야 알게 됐다. 일이 많다고 가려 받고, 상대를 골라대던 그 태도가 얼마나 위험한 착각이었는지를.
몇 달 후, 정련소는 예전만큼은 아니지만, 서서히 안정을 되찾고 있었다.
"여보세요, ○○ 전자인데요. 혹시 샘플 작업 가능할까요?"
"네! 당연히 가능합니다. 언제까지 필요하세요?"
"급하지는 않은데, 다음 주쯤이면 좋겠습니다."
"네, 충분히 맞춰드릴 수 있습니다."
물량은 예전만큼은 아니었지만, 약 60% 수준까지 회복되고 있었다. 그렇지만 나는 더 이상 조급하지 않았다. 확실한 건, 시장은 움직이고 있었고, 나와 회사를 다시 찾는 고객들도 생기고 있다는 것이었다. 어떤 고객은 신규 사업을 시작하며 금 정련이 필요하다고 했고, 또 어떤 고객은 예전부터 우리 기술을 알고 있어서 다시 돌아왔다고 했다.

겨울이 지나야 봄이 온다

나는 지금도 그 시기를 잊지 않으려 한다. 2017년 겨울, 그 물량이 '뚝' 끊겼던 시절. 어떤 설명도 없이 갑자기 무너졌던 시장과, 그로 인해 텅 비었던 공장.

그 시절은 단순한 경영 위기가 아니었다. 내가 한 사람으로서, 어떤 사람인지 되묻게 하는 시간이었다. 그리고 그 시간은 나에게 분명한 교훈을 남겼다. 중소기업은, 정말 하루아침에 무너질 수 있다는 것. 그 어떤 안정적인 고객도, 그 어떤 탄탄한 시스템도 불황 앞에서는, 그 어떤 것도 무력해질 수 있다.

나는 금 정련소의 대표로서, 이제는 늘 최악의 상황을 가정하고 미리 준비하는 사람이 되기로 다짐했다. 위기는 늘 예고 없이, 마치 도둑처럼 찾아오기 때문이다.

업계에서는 금 도둑질이 비일비재하다.
조금씩 빼가는 걸 막을 방법이 없으니까
어느 정도는 암묵적으로 용인해 줄 수밖에
없는 게 현실이다.

금괴를 들고 도망간 기술자

앞서 금 정련 기술자와 동업을 하는 게 좋다고 말한 이유 중 하나는 '금 빼돌리기' 문제 때문이다.

도시광산 업을 시작한 지 몇 해가 지났을 무렵, 함께 일하던 기술자 한 명이 수상한 기색을 보이기 시작했다. 작업이 끝난 뒤에도 혼자 현장에 남아서 금이 담긴 통 주변을 자주 서성이곤 했다. 뭔가를 만지작거리며 두리번거리는 모습도 여러 번 눈에 띄었다.

"저 친구, 요즘 좀 수상하지 않아?" 동업자가 조심스럽게 말을 꺼냈다. 처음엔 대수롭지 않게 넘겼으나, 시간이 갈수록 불안은 커졌고, 마침내 그가 도박에 빠졌다는 사실을 알게 되었다.

금고를 도둑 맞다

사건은 어느 날 아침, 출근과 함께 터졌다.

"사장님! 금고가… 비어 있어요!" 그 금고는 전날 작업해 둔 금, 은, 팔라듐을 종로에 넘기기 전까지 하루 임시 보관하는 곳이었다.

"뭐가 없어졌어?" "금괴요. 한 2킬로쯤 되는 것 같아요…" 믿기지 않았다. 그 기술자가 밤새 금고를 털고 사라진 것이었다.

다행히 CCTV에 모든 장면이 찍혀 있었고, 경찰에 신고한 지 며칠 만에, 도박장 근처에서 검거됐다. 지금 시세로 수억 원. 작은 회사엔 감당할 수 없는 손실이었다. 하지만 무엇보다 더 아팠던 건, 믿고 함께 일하던 사람에게 뒤통수를 맞았다는 사실이었다.

현장에서 발생하는 '금 소량 절도'

하지만 금고를 통째로 털어가는 것보다 사실 더 무섭고 골치 아픈 건 따로 있다. 바로 조금씩, 눈에 띄지 않게 빼가는 것이다. 이런 경우는 정말 눈치채기 어렵다. 정련 작업을 하다 보면 금가루나 미세한 침전물이 생기기 마련인데, 그걸 조금씩 모아서 가져간다 해도 겉으론 티가 잘 나지 않는다.

솔직히 말해, 지금 내가 함께 일하는 기술자가 그렇게 조금씩 가져간다고 해도, 정말로 눈치채기 어려울 것이다. 그래서 나는 방법은 하나뿐이라고 생각한다. 믿고 가는 수밖에 없다는 것이다. 다행히 나는, 그 믿음을 줄 수 있는 사람과 함께 일하고 있다.

지금 함께 동업 중인 기술자 Y는 무려 10년 넘게 나와 함께해온 파트너다. 그동안 단 한 번도 신뢰를 깨뜨린 적이 없었다. Y의 아버지는 이 업계에서 40년 넘게 일한 진짜 장인이다. 원래는 PCB 금도금 공장을 운영하시던 분인데, 나중에는 금 추출 기술까지 터득해 평생을 금 하나만 바라보며 살아온 분이다.

지금도 정정하시다. 일흔을 훌쩍 넘겼지만, 여전히 현장에 서서 아들에게 조언을 아끼지 않는다. 그 기술을, 그 정신을 Y가 고스란히 물려받은 것이다. Y는 말수가 적고, 거짓말을 못하는 성격이다. 성품이 바르고, 욕심이 없다. 나는 그런 사람이라 믿을 수 있었고, 그 믿음 덕분에 동업을 결심했다.

나는 Y에게 지금까지 단 한 번도 실망한 적이 없다. 서로의 호흡도 척척 맞고, 일하는 내내 마음이 놓인다. 아마 이 일을 마무리하는 날까지, 나는 Y와 함께할 것이다.

어쩔 수 없이 받아들여야 하는 것

이 업계에선 금 도둑질이 비일비재하다. 조금씩 빼가는 걸 완전히 막을 방법이 없기 때문에, 어느 정도는 묵인하고 넘어가는 분위기가 있는 것도 사실이다. 그래서 업계 사람들 사이에선 "그게 싫으면 너 혼자 다 해."라는 말이 흔히 돌곤 한다.

영업도, 정련도, 포장도, 운반도… 모든 걸 스스로 해야만 금을 지킬 수 있다는 의미다. 하지만 현실적으로는 그건 불가능에 가깝다. 무엇보다, 이 일은 사람의 몸을 서서히 갉아먹는다.

금 정련은 단순한 기술이 아니다. 청산가리, 황산, 질산 같은 독성 화학약품을 매일 다뤄야 한다. 그 냄새, 그 연기, 그 위험을 고스란히 온몸으로 감당해야 한다. 한 번은 같이 일하던 Y가 작업 도중 황산이 튀는 사고를 당했다. 얼굴과 손에 심각한 화상을 입고 병원에 실려 갔다. 그 모습을 보고 나도 가슴이 철렁했다. 너무 미안했고, 너무 안쓰러웠다.

신뢰할 수 있는 사람과 함께 가야 한다는 것. 그것만이 이 일을 오래 할 수 있는 유일한 길이라고 나는 믿는다.

금 정련 기술이 성과를 좌우한다

금 정련이 얼마나 어렵고 위험한 작업인지, 정작 고객들은 잘 모른다. 모르니까 대뜸 작업비부터 깎으려 든다. "이게 얼마나 까다롭고 위험한 일인데요. 요즘 목수 하루 일당이 얼마인지 아세요? 반장급은 40~50만 원, 일반 목수도 30만 원은 받습니다." 가끔 너무 얄밉게 가격부터 깎는 고객들에겐 그렇게 하소연이라도 해본다.

하지만 현실은 더 억울하다. 금 정련 기술자들은 그보다 더 고도의 기술과 위험을 감수하는데, 정작 돌아오는 대가는 목수 일당보다 못한 경우가 태반이다. 샘플 작업만 해도 마찬가지다. 황산, 질산 같은 독성 화학물질을 다루면서 제품별로 다른 공정을 익히고, 정밀하게 실험하고 테스트한다. 그럼에도 대부분의 샘플 작업은 '서비스'로 처리된다.

특히 기억나는 한 고물상 사장님이 있다. 단 한 번도 실물을 맡긴 적은 없으면서도 잊을 만하면 전화를 걸어온다. "사장님, 샘플 한 번만 해줘요." 그렇게 연락이 올 때마다 어김없이 또 샘플만 해준다.

처음엔 귀찮고 얄밉기도 했다. "도대체 물건은 언제 주실 건가요…" 속으로 그렇게 생각하면서도 겉으론 또 친절하게 대응한다. 그 사장님도 우리가 결과를 가장 잘 내는 업체라는 걸 안다. 그래서 샘플은 우리에게 맡기고, 그 데이터를 들고 다른 정련업체와 비교 견적을 낸다.

한 번은 참다못해 말했다. "사장님, 샘플비 좀 주세요." "에이~ 내가 물건 줄 건데 뭘 돈까지 달라고 그래요?" 정말, 어이가 없었다.

나는 이런 상황에도 일을 해준다. 왜냐면 언젠가는 진짜 물건을 줄지도 모른다는 기대가 있기 때문이다. 이 바닥은, '지금 당장'보다 '언젠가'라는 희망을 품고 일해야 하는 일이다. 그리고 성실하게 응대한 그 태도가 뜻밖의 다른 기회로 이어지는 경우도 많다.

PART2.
알면 알수록
돈이 되는 금의 세계

금 정련 공장을 운영하면서
알게 된 업계의 현실,
금 관련 산업의 전망,
그리고 금 추출 과정을 공개하려 한다.
외부에 잘 알려지지 않은 내용인 만큼,
알아두면 실질적인 도움이 될 것이다.

우리가 몰랐던 금 추출의 기술 혁명

　금에 대한 이미지는 여전히 원시적이다. 황금이 묻힌 암반을 곡괭이로 깨 부수고, 땅을 파내고, 사금을 채취하던 시대의 장면이 쉽게 떠오른다. 그러나 오늘날 금은 그렇게 채취되지 않는다. 금은 이제 더 이상 '노동'으로만 얻는 광물이 아니다. '첨단기술'로 정제되고, '화학'으로 추출되며, '데이터'로 예측되는 자원이다.

사이안화 나트륨, 금을 녹이는 독의 역설

현대 금 추출에서 가장 널리 쓰이는 방법은 바로 '사이안화 추출법(Cyanide Leaching)'이다. 전 세계 금 생산량의 90% 이상이 이 방법으로 나온다는 사실을 아는 사람은 많지 않다. 간단히 설명하면 이렇다. 광석을 잘게 부순 후, 물과 사이안화 나트륨을 섞은 용액에 담근다. 그러면 금이 이 용액에 녹아 나온다. 이후 아연 분말을 넣으면 금이 다시 침전되어 회수된다.

이 기술의 놀라운 점은 효율성이다. 금광석은 1톤당 금은 고작 5g 남짓이지만, 이 방법을 쓰면 거의 모든 금을 뽑아낼 수 있다. 회수율이 높고 경제성이 뛰어나기 때문에, 전 세계 대부분의 금광에서 사용된다. 하지만 여기에 단점도 있다. 사이안화 나트륨은 강한 독성을 가진 화학물질이다. 일명 청산가리로 불리는 이 물질의 치사량은 200-300mg에 불과하다. 이처럼 강력한 독성 때문에 산업 현장에서는 환경오염 문제가 꾸준히 제기되고 있다.

정전기 회수법, 중소기업을 바꾼 혁신

내가 아는 한국의 도시광산 기업 중 한 곳은 사이안화법이 아닌 '정전기 회수법'을 활용해 큰 성과를 거두었다. 이 기술은 전기적으로 금속 성분을 분리해 내는 방식으로, 특히 금속 농도가 낮은 스크랩에서 효과적이다. 국내 연구진이 개발한 특수 소재의 비밀은 그 독특한 구조에 있다. 과일인 자몽의 구조처럼 표면은 껍질이 존재하고 안쪽에는 다공성 구조를 지닌 캡슐을 만들어, 내부에 금에만 반응하는 물질을 넣은 것이다.

결과는 꽤 놀랍다. 스마트폰 폐기물 용액 안에는 14개의 금속 이온이 존재하지만, 이 신소재는 금 이온만 선택적으로 뽑아낼 수 있기 때문이다. 이 방식을 사용하면 금 회수율은 무려 99.9%까지 끌어올릴 수 있다. 게다가 화학약품을 거의 사용하지 않아 친환경적일 뿐 아니라, 정밀한 장비로 미세한 입자 단위까지 회수할 수 있다. 실제로 국내 중소기업 하나는 이 기술을 통해 연간 수십 킬로그램의 금을 전자폐기물에서 회수하며, 회수율 95% 이상을 달성하기도 했다고 한다. 기술을 가진 자만이 금을 얻는 시대다. 곡괭이가 아니라 정밀분석기와 회수설비가 금맥이라고 할 수 있다.

생물 침출, 박테리아가 금을 먹는다

최근에는 '생물 침출(Bio leaching)'이라는 친환경 기술도 주목받고 있다. 박테리아를 이용해 금속을 분리하는 이 기술은 전통적인 화학약품 사용을 줄이고, 비교적 저비용으로 금속을 회수할 가능성을 제시한다. 주로 '아시도필릭 박테리아(Acidophilic bacteria)'라는 산성 환경을 좋아하는 미생물을 사용하는데, 이들은 광석 속 금속을 분해해 이온 상태로 녹여낸다. 이후 다른 공정을 통해 순수한 금을 분리해 낸다.

실제로 환경부 소속 국립생물자원관은 폐광산에서 발견한 미생물 3종에서 리튬, 니켈 등 폐배터리 핵심 광물 추출 및 분리 가능성을 확인했다고 발표했다. '바이오 침출'이란 독성이 있는 무기산 대신 미생물을 이용해 금속자원의 유용성분을 추출하는 생물학적인 기술로 공정상 위험성이 낮고 환경오염을 줄일 수 있는 환경친화적인 방법이다. 환경적 책임이 중요한 시대에, 이러한 생물 기반 기술은 앞으로 더 확대될 가능성이 크다.

금 추출, 이제는 기술력의 싸움이다

과거에는 땅을 파는 힘이 중요했다면, 지금은 공정을 설계하고 정밀하게 통제하는 능력이 중요하다. 금 추출은 이제 엔지니어링, 화학, 환경공학, 데이터 분석이 결합한 고도화된 기술 산업이다. 1g의 금을 얻기 위해 수십 톤의 암석을 채굴해야 한다. 그 과정에서 얼마나 정밀하게 회수하고, 환경을 지키며, 비용을 낮추느냐가 핵심이다. 이제 금 추출은 광산보다 실험실에 가까워지고 있다.

하지만 여전히 기술 격차는 크다. 국내 폐금속 자원 재활용 기술 수준은 선진국의 약 50% 내외 수준이라고 한다. 더 구체적으로 살펴보면 폐기물 정련 및 제련 때 발생하는 부산물 처리기술은 선진국의 50% 수준이며 희소금속 추출 및 상용화 재가공 기술은 20%에 머무른다. 가장 절망적인 부분은 인듐, 텔루륨, 니켈 등 18가지 금속을 동시 처리할 수 있는 복합광물 처리기술은 일본, 벨기에, 캐나다만 갖고 있다는 사실이다. 우리는 아직 이 기술을 보유하지 못했다.

버려진 자원이 돈이 되다

"안 쓰고 버린 스마트폰 있죠? 그게 얼마나 가치가 있을 것 같으세요?"

금 정련 일을 시작하면서부터 내가 사람들에게 종종 묻는 질문이다. '아는 만큼 보인다'는 말처럼, 이 일을 하기 전에는 몰랐던 사실을, 금 정련을 하면서 하나둘씩 알게 되었다.

얼마 전 우연히 집 서랍을 정리하다가 깨달은 사실이 하나 있다. 내가 지난 10년간 교체해 온 스마트폰들을 계산해 보니 총 6대였다. 아이폰4부터 시작해서 갤럭시 노트, 다시 아이폰으로, 그리고 최신 모델까지. 그 중 무려 5대는 여전히 서랍 깊숙이 잠들어 있었다. 그런데 이렇게 버려둔 이 낡은 스마트폰들 안에는 실제로 금이 들어있다는 것이다. 게다가 꽤 괜찮은 순도의 금이 말이다.

우리는 매일 귀금속을 쓰고 버린다

 반도체 칩, 스마트폰, 자동차 촉매, 의료기기, 치과용 보철물까지. 우리가 일상에서 마주치는 수많은 기기 속에는 금, 은, 백금, 팔라듐 같은 귀금속이 미량씩 포함되어 있다. 문제는 그것이 눈에 띄지 않는다는 점이다. 맨눈으로는 식별할 수 없지만, 이런 전자기기 속 귀금속의 가치는 결코 적지 않다.

 오래 전 경기도의 한 도시광산 업체에 가본 적이 있었다. 정확히는 폐전자제품 재활용 공장이었는데, 그곳에서 본 광경은 정말 놀라웠다. 거대한 컨베이어 벨트 위로 수만 대의 폐스마트폰들이 줄지어 흘러가고 있었다. 작업자들이 하나씩 분해하는 게 아니라, 거대한 파쇄기로 통째로 갈아버렸다. 그 다음에는 자석과 전기를 이용해 금속별로 분리하는 과정이 이어졌다.
 "여기서 하루에 나오는 금이 얼마나 될까요?" 궁금해서 물어봤더니, 담당자가 웃으며 답했다. "좋은 날에는 100g도 나와요. 시세로 치면 800만원 정도죠."

귀금속, 왜 전자기기 속에 들어있을까?

금과 은은 전기전도성이 뛰어나고, 산화되지 않으며, 부식에 강하다. 그래서 반도체와 전자기기 접점(커넥터)에 널리 쓰인다. 백금과 팔라듐은 화학반응을 조절하는 촉매로 쓰이는데, 대표적으로 자동차 배기가스 정화 장치에 포함된다. 즉, 귀금속은 단순히 보석용으로만 쓰이는 것이 아니라, 우리 삶의 기술인프라에 필수적인 자원이다. 내 스마트폰이 끊임없이 작동하는 이유 중 하나도 바로 이 미세한 금 때문이었던 셈이다.

처음 내가 '도시 광산'이라는 개념을 들었을 때는 그냥 그럴듯한 마케팅 용어 정도로 생각했다. 하지만 수치를 보고 생각이 완전히 바뀌었다. 금광석 1톤에 금이 5g 포함된 반면, 스마트폰 1톤에는 최대 100g 이상 금이 포함된다. 무려 20배나 농도가 높다. 일본은 이미 2000년대 중반부터 도시광산 개념을 국가 전략으로 채택했다. 실제로 2020년 도쿄올림픽에서 사용된 금·은·동 메달은 모두 도시광산에서 회수한 귀금속으로 제작된 것으로 유명하다. 전 국민이 폐휴대전화를 기부해서 만든 메달이었다.
서랍 속 보물이 들어있다면?

그날 이후 다시 집에 돌아와 서랍 속 스마트폰들을 하나씩 꺼내보았다. 각각 어떤 가치가 있는지 직접 계산해 보고 싶었기 때문이다.

> **iPhone 4 (2010년 모델)**
>
> 금: 약 0.034g (현재 시세 약 3,000원)
> 은: 약 0.34g (현재 시세 약 300원)
> 팔라듐: 약 0.015g (현재 시세 약 1,200원)
>
> **Galaxy Note (2011년 모델)**
>
> 금: 약 0.040g (현재 시세 약 3,500원)
> 은: 약 0.38g (현재 시세 약 350원)
> 백금: 약 0.01g (현재 시세 약 350원)

개별적으로는 몇 천원에 불과하지만, 대량으로 모이면 이야기가 달라진다. 한국지질자원연구원에 따르면 휴대전화 1대는 1500원 가치의 금속을 함유하며 폐컴퓨터 15대에서 금 1돈을 추출할 수 있다고 한다.

그렇다면 실제 수익성은 어떨까? 직접 업체 관계자들과 이야기해 본 결과는 의외로 흥미로웠다.

"솔직히 스마트폰 개별로는 별로 돈이 안 돼요. 진짜 돈이 되는 건 자동차 촉매에요." 한 업체 대표한테서 이런 답변을 들었다. 실제로 자동차 한 대에 들어가는 촉매에는 백금 2-7g, 팔라듐 1-3g, 로듐 0.1-1g이 포함되어 있다. 현재 시세로 계산하면 30만 원에서 150만 원 상당의 귀금속이 들어있는 셈이다.

제품별 회수 가능한 귀금속

제품 유형	회수 가능한 귀금속	예상 가치
스마트폰 1대	금, 은, 백금	3,000-5,000원
노트북 메인보드	금, 은, 팔라듐	15,000-25,000원
자동차 촉매	백금, 팔라듐, 로듐	300,000-1,500,000원
치과용 보철물	금, 백금	50,000-200,000원

더 놀라운 건 이 업계의 빠른 기술 발전 속도다. 과거에는 수작업으로 해체하고, 고철상 수준의 분류가 대부분이었다. 그런데 요즘은 최신 도시광산 공장에는 인공지능(AI) 기반의 자동 선별기, XRF/XRD 성분 분석기, 초임계 유체 기술 등 첨단 설비가 갖춰져 있다. 회수율을 1%만 높여도 수익이 수십 배 차이 나기 때문에, 기술 집약적 산업으로 재편되고 있는 것이다.

한 업체에서는 AI 카메라로 폐기물을 스캔해서 귀금속 함유량을 실시간으로 분석한다고 했다. 이러한 기술 덕분에 수작업 대비 3배 빠르고, 회수율은 15% 높아졌다는 말도 있다.

"에이, 스마트폰 팔아봐야 얼마 안 주던데요?" 이렇게 말하는 사람도 있다. 개인이 폐스마트폰을 소량으로 가져가 팔면, 대부분 헐값에 불과하다. 이 글을 쓰며 가볍게 시장 조사를 해보니, 휴대전화 5대를 가져가도 일괄 2만 원에 사겠다는 업체도 있었다. 이처럼 도시광산 역시 규모의 경제가 작용한다. 개인 단위로는 큰 수익을 기대하기 어렵고, 대량 수거와 체계적인 처리가 이뤄져야 수익성이 확보된다.

향후 팔라듐, 로듐 등이 블루오션 될 것

국내 도시광산 선도기업 중 한 곳은, 금 회수보다 팔라듐 회수에서 더 높은 수익을 올리고 있는 등 눈에 띄는 성과를 거두는 곳도 분명히 있다. 팔라듐은 자동차의 배기가스를 정화하는 촉매제로 필수적인 금속이다. 그런데 최근 전기차의 보급이 확대되면서, 내연기관 차량용 팔라듐의 공급 부족 우려가 커졌고 이에 따라 가격이 급등했다.

2019년에는 온스당 1,000달러 수준이던 팔라듐 가격이, 2021년에는 3,000달러까지 치솟았다. 나 역시 이제는 금만 보는 게 아니라, 팔라듐과 로듐 같은 백금족 금속까지 시야를 넓히고 있다. 이쪽이 향후 진짜 블루오션이 될 가능성이 높다고 본다.

서랍 속 폐스마트폰들을 어떻게 처리했을까?

그래서 나는 휴대전화를 개별 판매하는 것은 포기하고, 지자체 자원회수센터에 기부하기로 했다. 어차피 개인이 받을 수 있는 금액은 몇 만 원 수준에 불과하고, 그보다는 체계적인 재활용 시스템을 통해 처리되는 편이 훨씬 낫다고 판단했기 때문이다.

우리가 무심코 버리는 전자제품 속에는 누군가에겐 아주 소중한 자원이 들어 있다는 것을 기억하자. 앞으로 새 제품을 살 때도 그 안에 들어 있는 귀금속들이, 언젠가는 다른 제품으로 다시 태어날 수 있다는 사실도 말이다.

한 번은 치과 치료를 받으러 갔다가,
우연히 흥미로운 이야기를 듣게 됐다.
치료 중 원장님이 오래된 금니를 제거하시면서
이런 말씀을 하셨다.
"이 금니 하나가 꽤 값어치가 나가요. 요즘엔
이런 것도 재활용해서 금을 회수한대요."
 집에 와서 찾아보니, 정말로 치과용 금속에서
금을 회수하는 전문 업체들이 존재했다.
치과용 금속은 순도가 높아 회수율이
좋은 편이라고 한다. 다만, 워낙 양이 적다
보니 개인이 따로 처리하기에는 실익이 크지
않다는 게 아쉬운 점이다.

작업자만 아는
금 추출과정의 비밀

"금을 어떻게 캐는지 알아?" 친구들에게 이런 질문을 던지면 대부분의 답은 비슷하다. "광산 아냐?" 틀린 말은 아니지만, 절반만 맞는 이야기다. 금은 광산에서만 나오는 것이 아니다. 우리가 일상에서 버리는 스마트폰과 전자기기, 공장 폐기물, 심지어 도금된 치과 보철물에서도 회수된다.

전자폐기물에서 금을 찾는 방법

일반 사무실에서 교체 예정인 컴퓨터들을 관찰하면, 대부분의 사람들이 전자제품 속에 금이 들어있다는 사실을 모르고 있음을 알 수 있다. 컴퓨터 본체를 열고 메인보드를 확인하면, 메모리 슬롯과 CPU 소켓에 미세하지만 분명하게 번뜩이는 금색 핀들을 발견할 수 있다. 이는 순금이 아닌 금도금으로, 아주 얇게 입혀져 있다.

전자제품은 고도의 정밀 기술이 집약된 장치로, 회로기판, 메모리칩, 커넥터 등에는 미세하게 금이 도금되어 있다. 제품 단위로 보면 극히 적은 양이지만, 수천 수만 개가 모이면 오히려 금광보다 높은 가치를 지닌다.

전자폐기물 속 금 함량

 기업에서 3년마다 교체하는 컴퓨터 200대를 기준으로 계산해 보면, 컴퓨터 한 대당 최대 0.2g 정도의 금이 들어있어 총 40g 정도가 된다. 현재 시세 기준으로 약 550만 원 정도의 가치에 해당한다. 이처럼 개별적으로는 소량이지만 대량으로 모이면 상당한 경제적 가치를 지닌다.

 전자제품별 금 함량을 평균값 기준으로 살펴보면 다음과 같다. 스마트폰 1대에는 약 0.030.05g, 데스크탑 PC 1대에는 최대 0.2g, 노트북 1대에는 약 0.1g이 들어 있다. 스케일을 키워 100만 대의 스마트폰을 기준으로 하면 3050kg의 금을 회수할 수 있으며, 이는 현재 시세로 약 58억 원에 달한다.
 전자폐기물 1톤에서 회수 가능한 금은 최대 100g에 이른다. 이는 금광석 1톤에서 나오는 회수량(5~10g)의 20배가 넘는 수치다. 말 그대로 전자폐기물은 도심 속 금광이라 할 수 있다.

전자폐기물 처리 공정

전자기기 수거부터 금 회수까지의 전 과정은 고도로 체계화되어 있다. 금의 정련과 추출을 전담하는 공장에서는 전자기기의 분리·선별·해체 같은 초기 작업을 외주 거래처에서 진행하며, 다음과 같은 단계를 거친다.

1. 수거 및 분류 단계

공장에는 트럭에 실려 온 수만 대의 전자기기들이 거대한 창고를 가득 메우고 있다. 하루에도 수 톤의 전자폐기물이 들어오며, 스마트폰, 컴퓨터, 게임기, 전자레인지까지 종류가 다양하다. 첫 번째 단계는 분류 작업으로, 작업자들이 하나하나 상태를 확인하며 다음 기준에 따라 나눈다

- 수리해 재사용 가능한 것

- 부품으로 재활용할 수 있는 것

- 금속 회수 전용으로 분류되는 것

2. 해체 및 파쇄

분류가 끝나면 본격적인 해체 작업이 시작된다. 숙련된 작업자는 스마트폰 하나를 분해하는 데 2분도 채 걸리지 않으며, 어느 부위에 귀금속이 집중되어 있는지 정확히 파악하고 있다. 분해된 부품들은 종류별로 분류되어 거대한 분쇄기로 투입되며, 회로 기판들이 작고 고운 입자로 분쇄된다.

3. 선별 및 분리

분쇄된 입자들은 여러 단계의 정밀 선별 과정을 거친다. 자력 선별, 중량 분리, 광학 인식 등 다양한 방식이 조합되어 사용된다.

4. 화학적 용출

화학 용액을 이용해 금을 녹여내는 매우 민감한 공정으로, 숙련된 인력만이 안전하게 다룰 수 있다. 온도, pH, 반응 시간 등 수십 가지 조건을 정밀하게 관리해야 한다.

5. 침전 및 정련

마지막 단계에서 드디어 금을 직접 확인할 수 있다. 작은 비커에 담긴 금 가루 형태로 회수되며, 작업량이 많은 날에는 하루에 2kg까지 생산되기도 한다.

치과에서 들은 이야기

한 번은 치과 치료를 받으러 갔다가 우연히 흥미로운 이야기를 들었다. 원장님이 오래된 금니를 제거하시며 말씀하셨다. "이 금니 하나가 꽤 값어치가 나가요. 요즘엔 이런 것도 재활용해서 금을 회수한대요." 집에 와서 찾아보니, 실제로 치과용 귀금속에서 금을 회수하는 전문 업체들이 존재했다. 과정은 다음과 같다.

1. 용융(Melting): 금속 덩어리를 1,000도 이상의 고온에서 녹여 합금을 분리한다.
2. 산화제 처리(Fluxing): 불순물은 산화시켜 제거하고, 금은 산화되지 않은 상태로 남긴다.
3. 정밀 분석 및 재정련: 회수된 금속을 성분 분석기로 정밀 측정한 뒤, 다시 정련해 순도 높은 금을 얻는다.

치과용 금속은 순도가 높아 회수율이 우수한 편이다. 하지만 양이 적다 보니 개인이 직접 가져가는 건 실익이 거의 없다.

출처별 금 회수 방식의 차이점

CPU와 같은 전자부품을 직접 분해해 보면, 핀셋으로 조심스럽게 상자를 열었을 때 반짝이는 금색 핀들을 확인할 수 있다. 현미경으로 관찰하면 얇은 금 도금층이 겹겹이 자리 잡고 있음을 알 수 있다. 현장에서 이러한 부품들을 직접 다루고 공정을 관찰하면, 금이 단순히 땅에서만 나오는 자원이 아니라 첨단 기술과 설비, 인력의 노하우와 데이터가 정교하게 맞물려 만들어지는 종합 산업의 결과물임을 알 수 있다.

전자폐기물 처리장은 최첨단 기술과 체계적인 시스템, 효율적인 공정이 어우러진 현장으로 미래 산업 현장의 축소판과 같다. 반면 전통적인 금광은 규모는 압도적이지만, 환경에 미치는 영향이 크고 회수 효율도 상대적으로 떨어진다. 이제 금은 더 이상 깊은 광산이 아니라, 우리 일상 속 전자기기에서 더 많이 회수될 가능성이 크다. 현재 버려지는 스마트폰이 언젠가는 또 다른 스마트폰의 재료로 되돌아올 수 있다는 사실은 순환 경제의 대표적인 사례라 할 수 있다.

세계 각국의 전자폐기물 금 회수 현황

일본은 전국적인 전자폐기물 수거 시스템을 통해 '도시광산 강국'이라는 명성을 얻었다. 2020년 도쿄올림픽 당시 모든 메달이 전자폐기물에서 추출한 금속으로 만들어졌다. 일본 올림픽 조직위원회는 국민에게서 621만 대의 휴대전화와 7만 8,985톤의 소형 가전제품을 기부받아 금 32kg, 은 3,500kg, 동 2,200kg을 추출해 총 5,000개의 메달을 제작했다.

한국은 중소기업을 중심으로 도시광산 기술 개발이 활발하게 이루어지고 있지만, 가장 큰 문제는 수거 시스템이다. 일본처럼 전국 단위의 체계적인 수거망이 없어, 상당수의 전자폐기물이 그대로 폐기되거나 해외로 유출된다.

유럽은 WEEE(폐전기전자기기) 지침을 통해 제품 생산자에게 전자폐기물 회수 책임을 명확히 부여하고 있다. 예를 들어, 삼성이 독일에서 스마트폰을 판매하면 해당 제품이 폐기될 때까지 회수와 재처리에 대한 책임을 져야 한다.

불법 수출과 기술 격차

 상당량의 전자폐기물이 아프리카나 동남아로 '중고품'이라는 명목으로 수출되지만, 실상은 전자폐기물이다. 현지에서는 적절한 보호장비 없이 해체 작업이 이루어지며, 금은 거의 회수되지 못하고 환경오염만 남는다. 분리수거 과정에서도 많은 귀금속이 놓치게 되며, 대부분 일반 쓰레기로 버려지거나 고철상에 넘어가 철만 추출하고 나머지는 버려지는 경우가 많다.
 우리나라의 기술력은 해외에 뒤처지지 않지만, 환경 안전성과 수익성을 동시에 만족시키는 기술과 시스템이 부족하다. 특히 유해물질 처리 기술은 해외와 분명한 격차가 있다.

 앞으로의 금 정련 공장에서는 자동화가 핵심이 될 것으로 예상된다. 스마트폰을 로봇이 자동 분해하는 시스템은 이미 실험 단계에 들어섰으며, 상용화되면 작업자의 손이 거의 필요 없어지고 속도와 정확도가 동시에 향상된다. 무엇보다 안전성이 획기적으로 개선될 수 있다. AI 기술을 활용해 부품을 스캔하고 귀금속 함유량을 실시간 분석하는 시스템도 머지않아 상용화될 것이다.
 금 추출 시 회수율 1% 차이는 중소규모 업체도 연간 수천만 원의 차이를 만들며, 대형 정련소는 억 단위의 차이가 발생한다. 이처럼 전자기기는 단순한 쓰레기가 아니라 새로운 자원의 출발점이라 할 수 있다.

공장에 들어오는 폐기물 중 상당수는
PCB와 반도체 부품이다. 원광에서 추출한
금은 보통 순도 60~80% 수준이지만,
전자폐기물에서 나오는 금은 50% 남짓에
불과하다. 이를 99.99%까지 끌어올리는 게
바로 내가 하는 일이다.. 국제 표준을
충족하지 못하면 시장에서 제값을 받을 수
없기 때문이다. 특히 투자용 골드바는
99.99% 순도가 기본 조건이다.

99.99% 순금은 어떻게 만들어지는가

나는 금에 관한 일이라면 언제나 이론보다 현장을 더 믿는다. 아무리 오래 다뤄온 일이라도, 늘 초심자의 눈으로 질문을 던지는 습관을 가지고 있다.

어느 날 귀금속 매장 앞을 지나가다가, 진열장 안의 골드바 하나가 유난히 눈에 들어왔다. 반짝이는 금 덩어리가 다른 것들보다 유독 빛나 보였기 때문이다.

나는 호기심에 사장님께 말을 건넸다.
"이런 골드바는 모두 99.99% 순금인가요?"
사장님은 웃으며 고개를 끄덕였다.
"네, 맞습니다. 99.99% 순금이죠."

짧은 대답이었지만, 그 순간 내 머릿속에는 정련 과정이 스쳐 갔다. 금은 세상에 처음 모습을 드러낼 때는 완전하지 않은 상태이다. 은, 구리, 납, 철 같은 불순물이 섞여 있고, 정련 과정을 거쳐야만 비로소 진짜 금이 된다.

금을 순수하게 분리하는 공정

우리 공장으로 들어오는 폐기물 중 상당수는 PCB와 반도체 부품이다. 원료 금은 보통 순도 60~80% 수준이고, 전자폐기물에서 나오는 것은 50%도 채 안 되는 경우가 많다. 이를 99.99%까지 끌어올리는 것이 바로 내가 하는 일이다.

정련은 원재료에서 불순물을 제거하고, 금속을 순수하게 분리해 내는 공정이다. 금 정련의 목적은 99.99% 이상의 고순도 금을 얻는 것이며, 이는 투자용 골드바나 산업용 소재, 보석 원료로 쓰이기 위해 반드시 필요한 조건이다.

가끔 이런 질문도 받는다.
"99.9%면 안 되는 건가요?"
사실 우리가 흔히 말하는 24K 순금 반지나 목걸이는 대부분 99.9%다. 이 정도만 되어도 일상적인 귀금속 용도로는 충분하다. 하지만 99.99%는 한 단계 더 높은 순도의 금이다. 가격도 그만큼 더 비싸고, 반도체 장비, 항공우주, 정밀 기기 등 특수 산업용 소재로 사용되기 위해 요구되는 수준이다.

순도가 왜 그렇게 중요할까?

금의 순도는 단순한 숫자가 아니라, 실제 금값을 결정짓는 핵심 요소다. 국제 금 시세는 99.99% 순금을 기준으로 거래되며, 이보다 낮으면 가격이 할인된다.

실제로 계산해 보면, 순도 1% 차이가 수천만 원의 손익 차이를 만들어낼 수 있다. 특히 반도체 공장에서는 99.999% 이상의 초고순도 금을 요구하기도 한다. 미세한 불순물조차 성능과 수율에 영향을 주기 때문이다.

반면 보석용 금은 순도가 높다고 해서 무조건 좋은 것은 아니다. 99.99% 순금은 너무 부드러워 내구성이 떨어지기 때문에, 다른 금속을 혼합해 18K, 14K 형태로 가공한다.

기술력의 지표: 회수율

정련 공장의 기술 수준은 '회수율'로 평가된다. 이는 투입된 금 대비 최종적으로 회수된 순금의 비율을 의미하며, 도시광산, 전자폐기물 재자원화, 귀금속 정련 산업 전반에서 가장 중요한 지표다.

우리 정련소의 회수율은 현재 98.5%다. 2년 전까지만 해도 95% 수준이었지만, 공정 개선을 통해 크게 향상시킬 수 있었다. 단 3%의 차이지만, 이는 연간 수억 원의 매출 차이로 이어진다.

전자스크랩 1톤에 금이 약 300g 들어 있다고 가정해보자.

> 95% 회수율: 285g 회수 (15g 손실)
> 99.99% 회수율: 299.97g 회수 (0.03g 손실)
> 차이: 14.97g (현재 시세 약 130만 원)

이 수치는 단순해 보이지만, 연간 1,000톤을 처리하는 공장이라면 회수율 1% 차이가 무려 13억 원에 달한다.

그래서 이 세계에서는 0.01%라도 회수율을 더 높이기 위해 혼신을 다한다. 일본이나 독일 같은 선진국 업체들은 이미 99% 이상의 회수율을 달성했다. 내 목표는 몇 년 안에 이 수치에 도달하는 것이다.

정밀 분석, 품질의 기준

　대형 금 정련 공장에는 '품질관리실'이 따로 마련되어 있다. 이곳에는 XRF, ICP-MS 같은 고가의 분석 장비가 설치되어 있다.
　XRF는 금속 표면을 비파괴 방식으로 분석하고, ICP-MS는 불순물까지 0.001% 단위로 측정한다. 이 장비들은 골드바 샘플을 분석할 때 쓰이며, 몇 분이면 정확한 성분표가 나온다. 가격은 한 대에 억 단위지만, 이것이 없으면 품질을 증명할 수 없다.

　이처럼 고품질을 유지하기 위한 기술이 중요하다면, 앞으로의 정련 기술은 또 다른 방향에서도 진화가 필요하다. 바로 친환경성과 자동화다.

　화학물질 사용을 최소화하고, 작업자의 손을 덜 타는 자동화 시스템을 도입해야 한다. 미생물을 활용한 생물학적 정련 기술도 연구 중이다. 해외에서는 '미생물로 금을 추출하는 연구'까지 이미 실험 단계에 들어섰다.
　이제 기술 경쟁은 단순한 생산량의 싸움이 아니다. 얼마나 환경을 고려하면서도 효율을 극대화할 수 있는가, 그것이 정련 기술의 진짜 실력이다.

도시광산 업자가 말하는 업계의 진실

언론과 정부가 발표하는 한국의 도시광산 규모는 늘 화려하다. 19.6조 원 규모, 국내 금속 수요의 22%를 도시광산에서 공급한다고 하지만 현실은 어떨까?

국내 도시광산 업체의 58%는 직원 10명 이하의 소기업이다. 한국리싸이클링자원학회에 따르면 절반 이상이 영세업체이며, 이는 업계의 구조적 한계를 보여준다.

더 심각한 것은, 실제로 폐업하는 업체들이 속출하고 있다는 점이다. 겉으로는 '성장 산업'으로 포장되지만, 수익성 부족으로 문을 닫는 사례가 적지 않다.

가장 아이러니한 것은 이것이다. 수익성이 있는 귀금속 제품을 다루는 업체는 다수 존재하나 희귀류와 단가가 낮은 금속 및 비금속을 다루는 업체는 극히 드물며, 이로 인해 도시광산 산업 또한 편파적으로 회수되고 나머지 금속 및 비금속은 폐기되고 있는 실정이다. 즉, 돈이 되는 금과 은만 회수하고, 정작 미래 핵심 산업에 필요한 리튬, 코발트, 희토류 같은 희소금속들은 그냥 버려지고 있다는 뜻이다.

국내 도시광산 관련 법은 여전히 '폐기물관리법' 수준에 머물러 있다. '자원 회수'가 아닌 '쓰레기 처리' 관점으로 설계된 탓에 이 산업은 제도적 사각지대에 놓여 있다. 도시광산 업체는 서비스업으로 분류되어 기업활동 규제 완화, 조세 감면 등 어떤 지원 혜택도 받지 못한다. 정부는 육성하겠다고 말하지만, 실제 정책은 산업 기반을 방치하고 있는 셈이다.

뿐만 아니라 소형 폐가전의 수거 체계도 허술하다. 아무리 많은 휴대전화가 버려져도, 제대로 수거되지 않으면 의미가 없다. 지자체마다 제각각 수거하고, 대형 스크랩 업체는 드물다. 개별 단위의 수거는 경제적 효율성을 갖지 못하고, 자원화는 점점 더 비효율적으로 흘러간다.

사람들이 모르는 가격 조작의 실체

 관세 당국이 폐기물 가치를 정확히 평가하지 못하는 약점을 악용하는 사례가 있다. 일부 수거업체는 해외 수입업체와 담합해, 실제보다 낮은 가격으로 폐기물을 수출한다. 해외 업체는 세금을 피할 수 있고, 국내 수거업체는 정부 규제 없이 더 높은 수익을 챙긴다. 즉, 일부 업체에게는 국내에서 정직하게 재활용하는 것보다, 해외에 헐값에 넘기는 것이 더 이익이 되는 구조적 문제가 존재하는 셈이다.

투자 없는 기술개발의 한계

 국내 전체 재활용 업체의 53%는 직원 5명 미만의 소규모다. 이런 영세 업체가 어떻게 첨단 기술에 투자할 수 있겠는가?
 정부도 도시광산 R&D 사업을 추진하고 있지만, 대부분은 실험실 단계에서 머무르고 있다. 사업화까지 이어지지 못하고, 연구는 연구로만 끝나는 경우가 많다. 현장에서 쓸 수 없는 기술은 사실상 아무 의미가 없다.

 앞으로 5~10년 안에 전자제품, 태양광 패널, 전기차 배터리의 폐기물 배출량은 폭증할 전망이다. 전기차 시대가 본격화되면 폐배터리가 쏟아져 나올 텐데, 우리는 제대로 대비하고 있지 않다.
 태양광 패널에는 납, 구리, 알루미늄 같은 중금속이 포함되어 있다. 이를 분리하려면 막대한 노동력과 전력이 필요하고, 유해화학물질도 배출된다. '재생에너지의 이면'이자, 환경문제를 초래할 수 있는 새로운 위험 요인이다.
 게다가 국민들은 여전히 재활용품에 대한 인식이 부정적이다. 재활용 금속은 '품질이 낮다'는 편견 때문에 시장 확산도 더디다. 도시광산 산업이 '쓰레기 처리업'으로 인식되는 현실은, 산업 성장을 가로막는 또 다른 벽이다.

정부는 10년간 1조 9,417억 원의 예산을 투입하겠다고 발표했지만, 실제 현장에서는 세제 혜택은커녕, 복잡한 규제만 늘어나고 있다. 전문 기관이 부재하다 보니 대부분 사기업에 분석을 의뢰해야 하고, 그 과정에서 고비용 구조가 굳어지고 있다.

지금의 도시광산은 기술도, 수익도, 정책도 반쪽짜리다. 기술은 부족하고, 돈 되는 금만 빼내고 나머지는 버리는 구조다.

언론에서 말하는 19조 원 규모의 숫자 뒤에는 정책의 공백, 산업 구조의 왜곡, 그리고 준비되지 않은 미래가 숨겨져 있다.

도시광산이 한국의 새로운 자원이 되려면, 먼저 이 현실을 직시해야 한다. 그리고 산업의 뿌리부터 바꾸는 근본적인 변화가 필요하다.

PART 3.
도시광산에서 배운
성공의 황금률

---※---

도시광산에서 버려진 전자기기 속
귀금속을 찾아내듯, 일상의 실패와 좌절 속에서도
배움의 기회를 놓치지 않는 것이 성공의 첫 번째 법칙이다.
이번 장에서는 내가 어떻게 영업에 성공했으며,
어떻게 하면 사업을 현명하게 잘 할 수 있었는지에 관한
경험과 노하우를 풀어놓으려고 한다.

영업은 사람을 얻는 것이다

처가는 해남이었다. 어느 주말, 아내와 함께 해남에 내려가 장모님께 인사를 드리고 있었는데 거래처 사장에게서 전화가 걸려 왔다.

"전 사장님, 어디야?"
목소리만 들어도 느낌이 왔다. 술 한잔하자는 전화라는 걸, 나는 그 사장님의 패턴을 누구보다 잘 알고 있었다.

"저 지금… 잠깐 수원에 볼일 보러 와 있습니다."
사실은 해남에 있었지만, 그렇게 말할 수는 없었다.

"해남에 있어요"라고 하면 "아, 그럼 다음에 보자"라는 말이 돌아올 게 뻔했기 때문이다.
나는 이 기회를 놓치고 싶지 않았다.

"수원? 그럼 안산엔 언제쯤 도착해?"

"여기 일 보고 바로 가면… 한 4시간 안으론 도착할 것 같습니다."

"그래? 그럼 저녁 같이 먹자!"

마음을 얻어라

역시 내 예상대로였다.

장모님과 아내에게는 미안하다고 말씀드리고, 곧장 차에 올랐다.

"나 거래처 사장님한테 전화 왔어. 아무래도 먼저 올라가 봐야 할 것 같아."

해남에서 안산까지 4시간을 쉬지 않고 달렸다.

"형님, 도착했습니다!"

"그래, 잘 왔다. 밥 먹자. 소고기 먹자고!"

나는 웃으며 고개를 끄덕였다.

비슷한 일은 고향 평창에서도 있었다.

그날도 전화가 왔다.

"전 사장님, 어디야?"

"아, 지금 잠깐 마트에 있습니다."

사실은 평창이었지만, 그렇게 말할 수 없었다.

그렇게 또 2시간 달려 안산으로 향했다. 아무 일 없다는 듯이.

"형님, 한잔하시죠!"

그렇게라도 마음을 얻고 싶었다.

가끔은 먼저 연락을 하기도 했다. 아니, 심부름을 자처했다.

어느 날, 한 거래처 사장님이 전날 술을 과하게 드시고 전화를 해왔다.

혼자 세 아이를 키우는 분이었다.

"죽겠네… 애들 밥은 차려줘야 되는데 몸이 말을 안 들어…"

나는 고민할 것도 없이 바로 분식집으로 향했다. 김밥, 떡볶이, 튀김… 아이들이 좋아할 만한 음식들을 바리바리 싸 들고 그의 집 앞으로 찾아갔다.

"이거 아이들 좀 챙겨주세요. 형님은 좀 더 쉬시고요."

그 집이 어디 있는지 아니까 가능한 일이었다.

모름지기 사람 마음은, 말보다 행동에 움직이는 법이다.

말은 의심을 낳지만, 행동은 신뢰를 남기기 때문이다.

약한 모습도 보여라

나는 술을 꽤 자주 마시는 편이다. 그런데 문제는, 다음 날 숙취가 정말 심하다는 것.

술은 자주 마셨지만, 그 대가는 늘 혹독했다. 아침이면 몸이 천근만근, 속은 뒤집히고, 몸살처럼 하루를 앓아야 했다.

그런 어느 날 아침 9시. 전날 과음을 한 채 겨우 눈을 떴을 때, 한 통의 전화가 걸려 왔다.

전화를 건 사람은 등산을 좋아하는 거래처 사장이었다.

"오늘 뭐 해?"

그의 전화를 받는 순간 직감이 왔다.

물건이 나올 시점도 아닌데 전화가 왔다는 건, 뭔가 중요한 일이 있겠다는 예감이 들었다.

몸은 천장이 빙글빙글 도는 상태였지만, 나는 망설이지 않았다.

"저 지금 전화 기다리고 있었습니다, 사장님!"

"그래, 오늘 날씨도 좋고 수암봉 한 번 타자. 두 시간 정도 코스야. 11시에 올라서 1시에 백숙이나 뜯자고."

"좋습니다! 지금 바로 준비하겠습니다!"

정신을 차려보니 이미 산 입구였다.

겨우 비타민 하나 삼키고 뛰쳐나온 상태였다.

만나자마자 내 입에서는 술 냄새가 진동했다. 눈도 잘 못 뜨고, 얼굴은 창백했고, 등산 중간중간에는 토하기까지 했다.

아니나 다를까, 사장이 그런 내 상태를 눈치를 챘다.

"자네, 말을 하지. 숙취 있는 거 알았으면 미뤘지. 이 꼴로 오면 어떡하나?"

나는 웃으며 말했다.

"괜찮습니다. 이 정도쯤은 이겨낼 수 있어야죠."

지금 돌이켜보면, 그날의 진심이 통했던 것 같다.

계산된 영업이 아니라, 마음을 다한 사람이란 인상을 남긴 셈이다.

고객들이 종종 나에게 하는 말이 있다.

"이 친구는 돈이 아니라 사람을 얻는 법을 알아."

결국 영업이라는 건, 말이 아니라 태도로 보여주는 것이다.

진정성이 만든 신뢰

물론, 영업만 잘한다고 되는 건 아니다. 금 정련소에서 가장 중요한 건 바로 '결과'다.

아무리 사람이 좋고 말솜씨가 뛰어나도, 정련 결과가 나쁘면 고객은 떠난다.

예를 들어 다른 공장은 3돈이 나오는데 우리 공장은 2.5돈밖에 안 나온다면?

고객 입장에서는 말할 것도 없이 더 잘 나오는 곳으로 옮겨갈 수밖에 없다.

반대로 우리가 3.5돈을 뽑아냈다면? 그땐 당당하게 말한다.

"사장님, 3.5돈 나왔습니다. 저희 쪽 결과가 더 좋네요."

그리고 한 마디를 덧붙인다.

"아직 젊지만, 성실하게 정말 열심히 합니다. 결과에 자신 있고, 믿어주시면 최선을 다하겠습니다."

나는 이런 태도가 가장 중요하다고 믿는다.

결과로 신뢰를 얻고, 진정성으로 관계를 지킨다.

이렇게 쌓아온 고객들과의 관계는 쉽게 끊기지 않는다.

지금도 10년 넘게 거래하는 분들이 여럿 있다.

나는 성격상 한 번 인연을 맺으면, 그분들이 일을 그만두기 전까지 배신하지 않는다.

모르는 사람이 보면 이런 나의 노력이 단순한 '영업 기술'처럼 보일 수 있다.

하지만 그 속을 들여다보면, 본질은 기술이 아니라 '관계'라는 걸 알 수 있다.

신뢰와 정직이 우선

나는 주변에, 그리고 금 추출 관련 일을 하는 후배들에게 항상 말한다.

"기술은 기본이고, 신뢰와 정직이 진짜 실력을 만드는 거야."

아무리 기술이 좋아도, 정직하지 않으면 소용없다.

다른 공장에서 3돈 나오고, 우리가 3.5돈 나왔는데도

"2.9돈 나왔습니다" 라고 속인다면? 그 순간 모든 것이 무너질 것이다.

설령 그 자리에서 들키지 않는다 해도,

고객은 언젠가 눈치채게 마련이다.

"뭔가 이상한데…"

그 한마디가 나온 순간부터 신뢰는 금이 간다.

그리고 한 번 무너진 신뢰는 좀처럼 되돌릴 수 없다.

그래서 나는 어떤 경우에도 정직을 최우선으로 삼는다.

잠깐의 이익을 위해 거짓말을 했다가, 결국 모든 것을 잃는 사람들을 나는 많이 봐왔다.

그러나 반드시 기억해야 할 점은 신뢰는 거창한 말에서 나오는 것이 아니라, 작고 사소한 행동 하나하나에서 만들어진다는 것이다.

해남에서 4시간 넘게 달려오는 것, 숙취로 힘든 날에도 등산에 따라나서는 것, 아이 셋 키우는 고객을 위해 떡볶이를 포장해 집 앞까지 찾아가는 것. 이렇게 쌓인 신뢰는 어떤 말보다 강하고, 숫자보다 오래간다.

처음에는 "왜 내가 이렇게까지 해야 하지?"라는 생각도 들었다. 하지만 이제는 확실히 안다. 진심이 담긴 행동은 반드시 돌아온다는 것을.

신뢰는 하루아침에 만들어지지 않지만, 한 번 쌓이면 어떤 위기에서도 나를 지켜준다. 이것이 내가 20년간 이 일을 하며 얻은 가장 큰 깨달음이다. 기술이나 노하우보다 더 중요한 것, 그것은 바로 사람과 사람 사이의 '신뢰'이며, 그 신뢰는 결국 '진정성'에서 비롯된다는 사실이다.

진심을 팔아라

영업을 할 때 무엇보다 중요한 건 '진심'이다. 내가 가진 가장 큰 무기는 화려한 말솜씨가 아니라, 솔직함이다. 왜냐하면 이 일은 말 한 마디, 수치 하나하나가 직접 수익으로 이어지기 때문이다.

고객들은 여러 정련소를 비교한다. 똑같은 폐기물을 A에도 주고, B에도 주고, 심지어 C까지… 여러 곳에 샘플을 돌리는 것은 흔한 일이다. 하지만 신기하게도, 그렇게 돌던 샘플이 마침내 내게 돌아온다.

한 번 우리 공장에서 작업해 보면 만족도가 다르기 때문이다. 그래서 다시 연락이 오고, 거래가 시작된다. 시간이 걸려도, 진심으로 대한 것은 반드시 돌아오게 되어 있다.

한 번은 이런 일이 있었다. 샘플에서 3돈이 나온 상황이었다. 우리 공장은 미세한 금속까지도 끝까지 추출하는 기술이 있어서 3돈 이상도 가능하다. 그런데 기술력이 부족한 다른 업체는 실제로 2.7돈 정도밖에 못 뽑았을 것이다. 그럼에도 불구하고 일부 업체는 "3.2돈 나왔습니다"라며 수치를 부풀린다.

이유는 단순하다. 일단 물건부터 받아야 하니까. 결과는 나중에 대충 핑계를 대거나, 그냥 넘어가겠지 싶어서다. 하지만 나는 그렇게 하지 않는다. 오히려, 있는 그대로 말하는 것이 더 큰 신뢰를 만든다.

약점도 먼저 말한다

한 번은 고객이 샘플을 맡긴 적이 있었다. 결과는 나쁘지 않았다. 그런데 나는 그 자리에서 솔직하게 말했다.

"사장님, 솔직히 말씀드리자면 이 제품은 사실 저희가 조금 약합니다. 다른 곳이 더 잘할 수도 있으니 잘 생각해 보세요."

고객이 놀라며 되물었다.

"아니, 왜 그런 말씀을 하세요?"

나는 웃으며 대답했다.

"거짓말해서 뭐 하겠어요. 나중에 다 드러나는 건데, 저는 처음부터 솔직하게 말씀드리는 것이 맞다고 생각합니다."

사실 대부분의 사업자는 약점을 감추려 한다. 나도 그 심정 잘 안다. 하지만 나는 정반대로 행동한다. 내가 부족한 부분은 먼저 털어놓고, 대신 내가 잘하는 것은 자신 있게 강조한다.

"어떤 분야는 저희가 잘하지 못하는 분야이고 그럴 때는 솔직히 말씀드립니다. 하지만 저희가 잘 하는 분야는 정말 자신 있으니 믿고 맡겨주세요."

그러면 고객들은 오히려 더 신뢰를 보낸다.

"이 사람, 거짓말을 안 하는구나. 못하는 것도 솔직하게 말하는 걸 보니, 잘한다는 말도 믿을 수 있겠네."

진실은 결국 거짓을 이긴다

이렇게 일하다 보니 자연스럽게 다른 업체들과 차별화되었다. 경쟁 업체들은 무조건 높은 수치를 강조했다. 심지어는 불가능한 수치를 내걸며 고객을 끌어들이려 했다. 하지만 나는 현실적으로 가능한 수치를 이야기했고, 우리가 잘하지 못하는 부분에 대해서도 솔직하게 밝혔다. 처음에는 오히려 손해 보는 것 같았다.

"다른 데는 더 높게 나온다고 하던데요?"

가끔은 이런 말을 듣기도 했다. 하지만 시간이 흐르면서 진실이 결국 거짓을 이긴다는 사실을 깨닫게 되었다. 거짓말을 하는 업체들은 언젠가 그 진실이 드러난다. 그리고 고객들은 그때 다시 나를 찾아왔다.

"역시 전 대표님이 정직하네요. 다른 데는 말만 그럴듯하지, 실제로는 형편없더라고요."

당장 계약을 따내려면 듣기 좋은 말만 해야 하지 않을까? 하지만 긴 시간을 두고 지켜보니 이 방법이 훨씬 효과적이었다. 이렇게 하면 고객과의 신뢰가 쌓인다. 한 번 거래한 고객은 다시 나를 찾는 것이다. 또한 입소문이 난다. '정직한 업체'라는 평판이 자연스럽게 퍼져 나가면서, 당사자인 내 마음도 편해진다. 거짓말을 하지 않으니 나중에 변명할 일도 없기 때문이다.

　가장 중요한 것은 약점을 숨기려 하지 말고 오히려 편안하게 드러내는 것이다. 고객이 맡기고자 하는 일이 내가 잘하는 분야라면 신뢰는 더욱 견고해진다. 애초에 내가 잘하지 못하는 일은 받지 않으니 실패할 가능성도 낮아진다.

　사업도 사람이 하는 일이다. 기술과 가격도 중요하지만, 가장 본질적인 것은 사람과 사람 사이의 신뢰라고 생각한다. 그 신뢰는 어디에서 올까? 바로 진정성이다. 그리고 진정성의 핵심에는 솔직함이 담겨 있어야 한다.

6개월 배워서는 안 되는 일

"형님, 이 기술 좀 가르쳐주세요."

한때 친한 후배에게 금 정련 기술을 가르쳐준 적이 있다. 이 기술을 배우고 싶다고 내게 물어오는 이들의 이유는 저마다 각양각색이다. 단순한 호기심일 수도 있고, 정말 공장을 차려 제대로 해보겠다는 사람도 있다.

그런데 대부분이 놓치는 것이 있다. 이 일은 기술 하나만으로 되는 일이 아니라는 점이다. 기술은 기본이고, 영업력도 있어야 하며, 현장에 대한 감각도 뒷받침되어야 한다.

K의 이야기

후배 K는 조금 특별한 경우였다.
"저는 영업은 자신 있습니다. 특수금속 분야에서 오래 일했으니까요."

그는 이미 중간 처리업을 하고 있었고, 물량도 어느 정도 확보할 수 있는 처지였다.
"기술을 제대로 배워서 직접 공장을 운영해 보고 싶습니다."
나는 6개월 넘게 K에게 기술을 전수했고, 그는 이후 자기 공장을 차렸다. 물량이 있으니 어느 정도는 돌아가는 것 같았다. 그 후로는 가끔 안부를 묻는 정도로 지냈다.

어느 날, 커피나 한잔하자는 말에 K의 공장을 찾았다. 그런데 작업 현장을 보는 순간 뭔가 이상한 느낌이 들었다. 처리하고 남은 찌꺼기, 즉 폐금속 더미가 유독 눈에 들어왔다. 그 안에서 미처 처리되지 않은 금의 흔적이 보였고, 폐수 또한 아무 처리 없이 그대로 흘러나오고 있었다.

나는 조심스럽게 말을 꺼냈다.

"이거… 내가 조금 가져가서 분석해 봐도 될까?"

K는 의아하다는 듯 물었다.

"왜요? 뭐 이상한 거라도 있어요?"

"아니, 혹시 몰라서 그래. 제대로 처리가 안 되면 금이 꽤 남을 수도 있거든."

사실 나는 그가 기술을 제대로 익혔는지 확인하고 싶었던 것이었다. 후배는 흔쾌히 찌꺼기를 내주었다. 자신은 이미 금을 완벽히 회수했다고 확신하고 있었기 때문이다.

그런데 결과는 충격적이었다

그 찌꺼기를 공장으로 가져와 다시 작업했더니 결과가 내 예상보다 더 심각했다. 그 폐기물에서 무려 200g이 넘는 금이 나온 것이다. 200g. 현재 시세로 약 3천만 원에 달하는 엄청난 가치였다. 말 그대로 쓰레기 더미 속에 금이 묻혀 있었던 것이다.

제품마다 다른 정련 노하우

금 정련은 몇 개월 배워서 금방 익힐 수 있는 일이 아니다. 이 작업에서 가장 어려운 점은 제품마다 반응이 모두 다르고, 같은 조건에서도 결과가 달라질 수 있다는 것이다.

어떤 제품은 불을 일정 온도로 유지하면 금이 잘 모이지만, 조금이라도 온도가 높아지면 벽면에 튀어서 전부 달라붙는다. 반대로 불이 약하면 금이 제대로 뭉쳐지지 않고 흩어져 버린다. 정해진 공식이 없다. 상황에 따라, 제품에 따라, 그때그때 필요한 방식이 다르다. 이를 판단하고 조절할 수 있는 것은 오직 경험뿐이다.

정련 기술은 제품에 따라 비율도, 시간도, 불의 세기도 달라진다.

'이 제품은 이 비율로 하고, 저 제품은 또 다른 방식으로 처리한다.'

이렇게 제품별로 판단하고 분류하는 능력은 책이나 강의로는 절대 배울 수 없는 영역이다.

무엇보다 중요한 건 현장에서 쌓는 경험이다. 불순물을 얼마나 효율적으로 제거하고, 그 과정에서 금 손실을 최소화하느냐 하는 문제는 단순히 책이나 이론으로 해결할 수 없다.

"형님, 이게 진짜 어려운 일이네요."

나중에 그 후배는 나에게 말했다. 3천만 원이라는 큰돈을 잃고 나서야 이 일의 진짜 어려움을 알게 된 것이다.

현실은 이렇다. 돈을 주고 기술을 배우겠다는 사람은 많지만, 진정한 기술은 긴 시간과 수많은 경험 속에서만 만들어진다. 그리고 그 기술을 얻기 위한 대가는 생각보다 훨씬 크고 무겁다는 것이다.

브로커를 상대하는 일의 고단함

 지금은 많이 개선되었지만, 과거에는 비합리적인 구조가 분명히 존재했다. 반도체 회사에서 나온 폐기물이 곧바로 우리 공장으로 오면 될 것을, 굳이 중간 처리업체를 거쳐 오는 경우가 많았다. 당시에는 거의 모든 회사가 이런 방식으로 일을 진행했다. 중간 처리업체는 사실상 브로커 역할을 하면서 폐기물을 수집해 우리에게 넘기는 구조였다.

작업비 깎기의 달인들

그런데 문제는 여기서 발생했다. 작업비를 깎으려는 시도가 끊이지 않았던 것이다.

"작업비가 원래 20% 맞죠? 이번에 물량 좀 더 드릴 테니까 15%만 받아주세요."

"꾸준히 물건 줄 테니까, 단가를 조금만 낮춰주세요."
이런 식으로 지속해서 작업비 인하를 요구했다. 심지어 결과 수치를 놓고도 불필요한 의심을 하며 까다롭게 굴었다.
"한 돈밖에 안 나왔다고요? 이건 원래 두 돈은 나와야 정상 아닌가요?"
정확한 근거 없이 수율을 의심하며 결과에 불만을 표하는 일이 일상이었다.

우리가 성심껏 정확한 작업을 진행하고, 명확한 결과를 전달해도 그들은 항상 '덜 나왔다'며 작업비를 깎으려 했다. 일부 중간 처리업체들은 실제로는 10돈이 나왔음에도 회사에는 7돈만 전달하고 나머지 3돈을 자신들의 차액으로 챙기는 악덕 업체들도 있었다. 실제로 가장 많은 이익을 가져가는 것은 이런 중간 처리

업체였다.

  만약 반도체 회사가 우리 공장과 직접 거래를 한다면 어떨까? 이런 중간 이윤은 사라지고, 회사는 정당한 수율을 보장받을 수 있으며, 우리 역시 작업비를 정당하게 받을 수 있다. 복잡한 협상도 필요 없고, '깎아달라'는 요구도 없다. 처음부터 합의한 조건대로만 진행하면 되니, 이 방식이야말로 가장 이상적인 거래 방법이라 할 수 있다.

허가증이라는 방패막이

브로커 역할도 아무나 할 수 있는 것은 아니다. 정식으로 폐기물을 운반하고 거래하려면 '중간 처리업 허가증'이라는 자격이 필요하다. 이 허가증이 없으면 합법적인 물량 확보 자체가 불가능하다.

후배 K 역시 원래는 브로커였다. 그는 물량을 어디서, 어떻게 싸게 구할 수 있는지 잘 알고 있었다. 그러다가 내게 금 정련 기술을 배우고 직접 공장을 차렸다. 기술적으로는 아직 미숙했지만, 물량만큼은 누구보다 잘 확보했다. 덕분에 3천만 원어치 금을 폐기물로 버리는 큰 실수를 했어도, 여전히 이익이 남았다. 워낙 많은 양을 싼값에 들여왔기 때문이다.

하지만 여기서 잊지 말아야 할 중요한 사실이 하나 있다. 아무리 좋은 장비와 뛰어난 시스템을 갖췄다고 해도, 일은 모름지기 사람이 하는 것이라는 사실이다.

K가 실수를 했던 이유도 바로 여기에 있다. 경험이 부족했기 때문에 작은 금물 하나까지 세심하게 챙기지 못했고, 결과적으로 큰 손해를 보게 된 것이다.

금 정련은 이론만으로 가능한 일이 아니다. 제품마다 반응이 다르고, 작업 환경에 따라 조건이 모두 달라진다. 그래서 현장 경험이 곧 전부이고, 노하우는 시간이 지나야 쌓인다.

중간 처리업체들이 아무리 까다롭게 굴어도 마지막에는 결과로 증명하는 기술자에게 돌아올 수밖에 없다. 그들도 안다. 어느 업체가 진짜 수율이 좋은지, 누구에게 맡겨야 손해를 보지 않는지를.

요즘은 다행히 구조가 점차 바뀌고 있다. 중간 단계를 생략하고, 반도체 회사가 직접 우리 공장과 거래하는 경우가 점점 많아지고 있다. 불필요한 차액이 사라지고, 정직한 기술자가 정당한 대우를 받을 수 있는 환경이 만들어지고 있는 것이다.

이러한 변화를 보며, 나는 그 허가증이 더 이상 브로커들의 방패막이 아니라 제대로 된 기술자들을 위한 최소한의 보호 장치가 되기를 바란다.

사람을 키워야 흥한다

소규모 정련공장은 대기업과는 운영 방식부터 다르다. 사람들은 흔히 "더 좋은 설비에 투자하면 품질이나 수율이 좋아지지 않을까?"라고 생각하지만, 소규모 정련공장에서는 이야기가 다르다. 이곳에는 자동화 설비나 첨단 장비가 없으며, 모든 공정이 철저하게 수작업으로 이루어진다.

달인의 경지에 오른 숙련공

그렇다면 작업자의 컨디션이나 그날의 집중력에 따라 품질이 달라질까? 사실, 이것도 아니다. 소규모 금 정련공장에서 일하는 작업자들 중 일부는 이미 '달인'의 수준에 이르렀다.

이들은 제품을 한 번 보는 것만으로도 어떻게 작업해야 최적의 결과를 낼 수 있는지 즉각 판단한다. 설령 까다롭고 복잡한 제품이라도, 오랜 경험에서 우러나온 기법을 통해 로스 없이 99.9% 이상의 회수율을 꾸준히 달성한다.

마치 운전 경력이 오래된 사람이 몸이 조금 아프다고 해서 운전 실력이 갑자기 떨어지지 않는 것처럼, 이들 숙련된 작업자 역시 개인의 컨디션에 따라 결과가 흔들리지 않는다. 긴 시간과 수많은 경험으로 다져진 기술은 언제나 일정하고 믿을 수 있는 결과물을 만들어낸다. 물론 소규모 정련 공장에서 근무하는 숙련공의 실력이 모두 탁월한 것은 아니다. 경력은 오래되었지만 정련한 금의 품질이나 함량이 떨어지도록 작업하는 작업자들도 많다. 하지만 소규모 금 정련공장들을 주의 깊게 찾아보면 숨은 보석 같은 작업자들이 분명히 있다.

수치로 증명되는 기술력 차이

　기술력은 말보다 결과로 증명된다. 똑같은 자재라도, 어느 공장에서는 한 돈밖에 안 나오는 반면, 다른 곳에서는 두 돈 가까이 추출된다. 고작 1g 남짓한 차이지만, 고객은 그 차이를 정확히 기억한다. 그래서 더 많이 나오는 곳으로 거래처는 자연스럽게 옮겨간다. 실제로 그런 경험을 한 고객 대부분은, 다시는 예전 업체로 돌아가지 않는다. 수율이 모든 것을 말해주기 때문이다.

　이런 차이를 똑같이 느끼는 것은 고객만이 아니다. 가끔 "이건 우리가 잘 안 되는데, 좀 맡아봐 줄 수 있겠느냐"며 다른 공장에서 작업을 의뢰해 오는 경우도 있다. 그런 것은 일정 수수료를 받고 처리해 주기도 한다.

　모름지기 기술이란 사람 손끝에서 결정된다. 똑같은 자재를 쓰더라도 누가 작업하느냐에 따라 결과는 완전히 달라진다. 제대로만 뽑아내면 두 돈 가까이 나올 수 있는 물건도, 기술이 부족한 곳에서는 0.7돈, 1.5돈밖에 안 나올 수 있다. 노하우를 안다고는 하지만, 실제 수율로 보면 차이는 명확하다.

　그렇다면 문제는 이런 기술자를 어디서 찾느냐일 것이다. 관련

협회나 공개된 모임도 없고, 누가 잘하는지는 업계 안에서도 쉽게 드러나지 않는다. 그렇다보니 직접 겪어보면서 사람을 알아가는 수밖에 없다. 그래서 핵심 인력이 얼마나 중요한지, 현장에서는 매번 절실하게 느껴진다.

핵심 작업자가 빠지는 날이면 매출에 바로 영향이 간다. 사람이 없어서가 아니라, 숙련된 손이 빠졌기 때문이다. 결과를 만드는 것은 인원수가 아니라 실력이라는 점을 다시 한번 마음에 되새기게 된다.

사람이 가장 큰 경쟁력

가만히 생각해 보면 이 일은 참 특이하다. 제조업이면서도, 시설이나 장비보다 사람이 전부인 업종이기 때문이다.

다른 제조업은 기계를 바꾸고 설비를 개선하면 생산성과 품질이 올라간다. 하지만 금 정련은 다르다. 아무리 좋은 약품을 써도 사람이 잘못 다루면 로스가 생기고, 반대로 숙련된 기술자가 작업하면 기본적인 장비만으로도 최고 수율을 뽑아낸다.

한마디로 말하면 이 일은 사람이 전부라고 할 수 있다. 기술도, 품질도, 모두 사람에게서 나온다. 소규모 금 정련공장의 진짜 경쟁력은 여기에서 결정된다. 그래서 어떤 사람과 함께 일하느냐가 성장의 방향을 결정한다.

하지만 오로지 기술력만으로는 부족하다. 기술은 시간이 지나면 따라잡을 수 있지만, 정작 오래 함께할 수 있는 사람은 마음이 통해야 한다.

그 마음은, 말 몇 마디만 나눠봐도 느껴진다. 겪어보니 그렇다. 여러 번 사기도 당했고, 말과 행동이 다른 사람들도 많이 봤지만, 진심이 있는 사람은 말투와 눈빛에서 드러난다.

지금 함께하는 동업자 Y도 그랬다. 같이 일하기 전부터 몇 년간 지켜봤다. 겉으로 드러내지는 않았지만, 속으로는 '언젠가 함께 일해보고 싶다'는 생각을 해왔다.

그러다 어느 날, 자연스럽게 말이 오갔다.
"우리 같이 해보자. 잘 되도 같이, 어려워도 같이!."
그렇게 시작된 동행은 지금도 이어지고 있다. 지금 그는 내가 가장 신뢰하는 든든한 동반자다.

최소한의 조직 구조를 갖춰라

 소규모 금 정련 공장은 운영 방식이 다양하지만, 사장이 직접 작업까지 하는 경우도 적지 않다. 영업과 작업을 모두 혼자 도맡는 경우도 있고, 기술자는 따로 두고 사장이 영업에 집중하는 구조도 있다. 하지만 한 가지 공통점이 있다. 사람이 적고, 그 소수의 역량이 전부라는 점이다.

 보통은 사장이 영업을 맡고, 기술자가 작업을 담당한다. 거기에 보조 작업자 몇 명, 사무를 보는 인원 한 명 정도면 공장은 크게 무리 없이 돌아간다. 사람이 많다고 무조건 좋은 것은 아니다. 인원이 늘어나면 효율은 오히려 떨어지고, 작업 흐름도 복잡해질 수 있다. 그래서 이 업종은 대체로 작고 탄탄한 구조로 운영되는 경우가 많다.

 핵심 기술자 단 한 명만 제대로 갖춰져 있어도 대기업 못지않은 수익을 낼 수 있다.

 그만큼 사람을 뽑을 때는 신중해야 한다. 특히 기술자 한 명 잘못 들이면, 회사 전체가 흔들릴 수 있다. 이 업종에서는 그 정도로 기술자의 역량이 중요하다.

 그래서 나는, 지금 함께하는 기술자를 더욱 소중히 여긴다. 그 사람의 손끝이 곧 회사의 수익과 직결되기 때문이다.

성공하는 사업 구조를 만드는 법

"금 정련공장 창업하려면 어떤 과정을 거쳐야 하나요?"

이런 질문을 종종 받는다. 하지만 이 일은 단순히 공장을 차리고 사람을 고용한다고 되는 것이 아니다. 가장 중요한 것은 '어떤 파트너와 시작하느냐', 그리고 '그 파트너와 어떤 관계를 맺느냐'다.

월급제의 치명적인 함정

대부분은 기술자를 월급제로 고용하고, 본인은 영업과 경영 관리에 집중하는 방식으로 사업을 시작한다. 실제로 금 정련 공장의 일반적인 구조이기도 하다. 하지만 나는 조금 다른 길을 선택했다.

지금 함께하는 동업자 Y는, 원래부터 나와 함께할 계획이 없던 사람이다. 혼자 독립적으로 일하려고 준비하던 기술자였다.

그러던 중, 내가 기존에 일하던 사람과 일을 그만하게 되었고, 이를 계기로 공동 투자로 함께하게 되었다. 서로에 대한 신뢰로 시작된 이 동업은 지금까지도 흔들림 없이 이어지고 있다.

하지만 현실적으로 대부분의 금 정련 공장들은 기술자를 월급제로 고용한다. 거의 모든 공장이 그렇게 돌아간다고 해도 과언이 아니다. 문제는 바로 그 구조에서 시작된다.

월급을 받는 입장이라면, 금이 10돈이 나오든, 100돈이 나오든 어차피 본인에게 돌아오는 것은 똑같은 급여이다. 월급이 300만 원인 사람이나 500만 원인 사람이나 저마다 성과와 보상이 연동되지 않기 때문에, 아무리 실력 있는 작업자라도 끝까지 몰입하지 않을 수 있다.

여기서 더 큰 문제는 따로 있다. 금은 눈에 잘 띄지 않고, 아주 적은 양도 큰돈이 된다. 이런 특성 때문에 정직하지 않은 작업자가 조금씩 금을 빼돌리는 일도 종종 발생한다.

실제로 공장에서 금고를 턴 사람, 주머니에 금 찌꺼기를 숨겨 간 사람, 심지어 장기간에 걸쳐 은밀하게 금을 유출한 사례도 있었다. 작업자가 외부인이라면, 그런 일은 언제든 일어날 수 있다. 그 사람에게는 이 일이 '자기 일'이 아니기 때문이다.

하지만 만약, 이 일이 자기 일이라면 어떨까? 성과가 곧 내 수입이고, 내 평판이고, 내 책임이라면?

자연스럽게 마인드가 달라진다. 작업 하나하나에 집중하게 되고, 수율에 집착하게 된다. 정직하게 데이터를 쌓는 것도 자연스러운 태도가 되고, 이런 책임감은 월급만으로는 절대 만들어지지 않는다.

처음부터 동업으로 경쟁한 이유

내가 처음부터 동업이라는 방식을 택한 이유는 분명했다. 기술자와의 관계가 단순한 고용으로는 오래가기 어렵다는 것을 몸으로 겪어 잘 알고 있었기 때문이다.

하지만 이런 제안을 흔쾌히 받아주는 경우는 드물다. 이 업계에서는 대부분, 공장을 차리고 작업자를 월급제로 고용하는 구조다. 그것이 일반적이고, 안전한 방식으로 통용되고 있다.

나는 그 틀을 애초에 깨고 싶었다. 작업자의 책임감과 몰입도를 끌어올리려면 '이건 내 일이다'라는 관점이 필요하다고 생각했다. Y는 그런 구조를 이해하고 받아들여 준, 이 업계에서 보기 드문 사람이다. 지금 돌이켜봐도, 그를 만난 것은 정말 큰 행운이었다.

지금 Y는 우리 공장의 공동대표다. 내가 영업을 맡고, 그는 작업과 기술을 책임진다. 현장에는 실무 작업자들도 있지만, 그들은 직원이고, Y는 기술팀장으로서 그들을 리드하고 품질을 총괄한다.

우리 공장의 구조는 단순하다. 각자 맡은 일에 집중하고, 성과에 따라 나온 매출을 공동 분배하는 시스템이다. 이 구조 덕분에 작업 집중도는 높아지고, 수율도 꾸준히 올라간다.

　만약 Y가 아니었다면? 나 역시 흔한 구조로 갔을 것이다. 공장을 차리고, 기술자를 월급제로 고용하고, 그저 그런 방식으로 운영했을지 모른다.

　이 업계에서 성공하려면 기술도, 영업도 중요하지만 가장 중요한 것은 함께 일하는 사람이다. 좋은 파트너를 만나는 것. 그리고 그 파트너와 어떤 관계를 맺고, 어떤 구조로 함께 가느냐. 그것이 이 일의 성패를 가른다.

　이것은 내가 수년 동안 직접 겪으며 얻은 결론이다.

입찰의 달콤한 유혹

"기업이랑 개인이랑 수익 차이는 어떤가요?
어느 쪽이 작업 시간 대비, 노력 대비 더 수익이 좋은가요?"
이런 질문을 종종 받는다. 굉장히 중요한 질문이다.

  우선 기업 고객부터 이야기해 보자.
  중소기업이나 중견기업 정도 되는 곳은 입찰 없이 거래하는 경우도 많다.
  하지만 규모가 있는 업체들, 예를 들어 2공장, 3공장, 4공장까지 운영하는 대형 기업들은 대부분 입찰 방식으로 폐기물 처리를 진행한다.

  기업 측에서는 보통 이렇게 말한다.
  "우리 쪽에 이런 폐기물이 있는데, 킬로그램당 얼마에 가져갈 수 있습니까?"

그러면 우리 같은 금 정련 공장들이 입찰에 참여한다. 당연히 가장 높은 단가를 제시한 업체가 그 물량을 가져간다. 그렇다보니 경쟁이 붙는 구조다.

경쟁의 치명적 부작용

입찰 시장에서는 경쟁이 워낙 심하다 보니 단가 싸움이 꽤 치열하게 벌어진다.

예를 들어, 어떤 작업물을 처리했을 때 최대 금액이 킬로그램당 15,000원 정도가 나올 수 있다.

그런데 입찰에서는 이익을 거의 고려하지 않고, 단가를 14,000원까지 올려 적는 경우가 많다. 그렇게 되면 1kg당 남는 이익은 고작 1,000원에 불과하다.

나 역시 과거에 킬로그램당 1만 4천 원이라는 조건으로 입찰에 참여해 수주에 성공한 적이 있었다. 당시만 해도 충분히 수익성 있는 거래라고 판단했다. 하지만 실제 작업에 착수하면서 예상치 못한 현실과 마주하게 되었다.

같은 회사에서 나오는 폐기물이라 할지라도 시점에 따라 그 상태가 현저히 달랐다. 계절의 변화, 생산 과정의 미묘한 차이, 보관 환경의 변수들이 모여 물질의 편차를 만들어냈고, 이는 곧 수율의 차이로 이어졌다. 심각한 경우에는 킬로그램당 2천 원의 손실을 감수해야 하는 상황도 빈번했다. 문제는 일단 계약이 체결되고 나면, 그 기간 동안은 손해를 알면서도 계속 진행할 수밖에 없다는 점이었다.

이러한 경험을 통해 깨달은 것이 있다. 거래의 성공과 실패를 가르는 핵심은 거래 상대방의 정체성에 있지 않다는 사실이다. 기업이냐 개인이냐 하는 구분보다 훨씬 중요한 것은 거래가 어떤 방식으로 설계되느냐 하는 문제였다.

기업과의 거래라 하더라도 후 정산 구조로 진행한다면 시장 변동성을 흡수하면서 안정적이고 지속 가능한 수익을 확보할 수 있다. 반면 개인 고객과의 거래라 할지라도 입찰과 같은 선단가 방식을 택한다면 예측하기 어려운 손실의 위험에 노출될 수밖에 없다.

사실 거래라는 것은 상대방의 간판이나 규모가 아니라, 그 거래를 어떤 구조와 원리로 설계하느냐에 따라 그 운명이 결정된다. 이것이 오랜 경험을 통해 체득한 진실이다.

경험자는 입찰을 피한다

이쯤 되면 눈치챘을지도 모른다. 경험이 많은 사람일수록 입찰에 쉽게 뛰어들지 않는다. 결과가 예상되기 때문이다.

그런데도 계속해서 입찰을 시도하는 업체들이 있긴 하다. 이런 경우는 대체로 두 가지 중 하나다. 실무자와 모종의 합의가 있거나, 신생 업체이거나. 이 구조에서는 정상적인 판단으로는 이해되지 않는 입찰가를 제시하는 사례가 적지 않다.

내가 오랫동안 이 일을 해오며 분명히 느낀 게 하나 있다.
먼저, 눈앞의 계약 규모에 현혹되지 말자는 것이다. 큰 회사와 계약을 체결했을 때는 기분이 좋다. 입찰에 성공했다는 성취감, '이제 잘 풀리겠다'는 기대감도 생긴다.

하지만 막상 작업을 시작해 보면, 계약 규모가 크다고 해서 반드시 큰 수익으로 이어지는 건 아니다. 반대로, 후 정산 방식의 거래는 규모가 작든 크든 구조가 훨씬 안정적이다. 실제 회수 결과에 따라 투명하게 정산되기 때문에 손해를 볼 일이 거의 없다. 계약 규모가 크고 작음을 떠나, 이런 거래들이 꾸준히 이어지면서 사업의 기반이 된다.

그래서 지금 나는 입찰보다 후 정산 방식을 선호한다. 작업한 만큼 정당한 대가를 받는 구조가 가장 합리적이라는 판단 때문이다.

그렇게 생각하게 된 건, 반복된 시행착오 덕분이었다. 실패도 겪고, 손해도 봤기 때문에 지금의 판단이 가능해졌다. 그 경험들이 지금의 나를 만들었고, 앞으로도 같은 선택을 할 것이다.

혹시 이 업계에 새로 들어오려는 사람이 있다면 꼭 전하고 싶은 말이 있다. 처음부터 큰 욕심은 내기보다는 안정적인 거래부터 시작하라. 입찰은 경험이 쌓이고, 계산이 정확해졌을 때 도전해도 늦지 않다.

사업은 단거리 경주가 아니다. 속도보다 중요한 건, 꾸준히 오래 갈 수 있는 구조를 만드는 일이다.

믿고 걸러야 하는 사람

예전에 한 업체와 거래를 시작한 적이 있다. 처음 받아본 샘플 물건은 꽤 괜찮았다. 딱 봐도 "이건 수익이 되겠다" 싶을 정도였다. 물건만 놓고 보면 충분히 작업비가 잘 나올 만한 수준이었다.

그 업체의 실무자는 나보다 한두 살 많은 사람이었고, 회사 안에서도 제법 영향력이 있어 보였다. 그때는 몰랐지만, 거래에서 가장 큰 문제는 바로 그 사람이었다.

선을 넘는 경우

거래를 시작한 지 얼마 되지 않아 술자리에서 전화가 오기 시작했다.

"지금 어디야? 나 여기 있는데 와서 계산 좀 해."

그는 자신이 있는 자리로 나를 부르는 일이 잦아졌고, 그럴 때마다 불편함이 점점 쌓였다.

골프는 기본이고, 2차 노래방, 3차 주점까지 당연하다는 식이었다. 마침내 신용카드를 달라는 말까지 꺼냈다.

나는 "알겠다"고 하고, 한도 300만 원으로 세팅된 카드를 건넸다. 계속 식사 자리에 부르는 것도 부담이고, 거리도 멀어서 맡긴 것이었다. 처음에는 회식 용도로만 쓰겠다고 했지만, 얼마 지나지 않아 카드 사용 알림이 쏟아졌다. 그는 옷을 사고, 레스토랑에 다니고, 호텔까지. 매달 한도 300만 원을 빠짐없이 채워 쓰고 있었다.

그래도 그때는 참았다. 물건이 좋았고, 실제 수익도 나고 있었기 때문이다. "이 정도면 감수할 만하지 않을까" 생각했다. 하지만 시간이 지나면서 물건의 질이 떨어지기 시작했다. 수익은 줄고, 접대비는 계속 나갔고, 스트레스는 점점 더 쌓였다.

그래서 더는 버틸 여력이 없어 1년 계약이 끝나자마자 거래를 끊었다.

그 일을 통해 나는 분명히 깨달았다. 조건이 아무리 좋아도, 사람이 틀리면 그 거래는 무너진다는 걸 말이다. 처음부터 이상한 기류를 풍기거나, 과도한 접대를 요구하거나, 공과 사의 경계를 넘나드는 사람과는 애초에 거래를 시작하지 않는 것이 옳다.

당시 카드로 나간 돈만 1년에 3,600만 원이었다. 그 금액이면 광고를 하거나 설비를 교체하는 등 훨씬 의미 있는 투자가 가능했을 것이다. 결과적으로 그 거래는 돈으로도, 정신적으로도 손해였다.

지금은 그때와는 거래처를 대하는 생각과 마음가짐이 달라졌다. 조건이 아무리 좋아도, 먼저 사람부터 본다. 첫 만남에서 느낌이 이상하면, 주저 없이 거절한다. '그래도 한번 해보자'는 생각은 절대 하지 않는다. 그 사람과의 경험을 통해, 스스로를 지키는 가장 확실한 방법이 무엇인지 뼈저리게 배웠기 때문이다.

술자리도 영업의 일환이다

영업의 중요성을 실감했던 에피소드가 하나 있다. 몇 년 전 지인들과 연말 회식을 하고 있었다. 해물찜 집이었는데, 옆 테이블과의 간격이 좁아 대화가 자연스럽게 들릴 정도였다.

술잔을 주고받으며 이런저런 이야기를 나누던 중, 나는 평소처럼 폐기물 관련 업체들 이야기를 하고 있었다. 그 당시 나는 영업을 오래 하다 보니 어느 회사는 물건이 좋고, 어디는 수율이 낮은지 등 업체별 특징을 거의 외우고 있다시피 하고 있었다.

우연히 찾아온 기회

그때 옆 테이블에도 대여섯 명이 앉아 회식을 하고 있었다. 복장도 단정했고, 나이대나 분위기를 보니 회사 실무진이나 임원처럼 느껴졌다. 법원 근처라 법조계 사람들도 자주 보지만, 그들과는 분명 결이 달랐다. 말투나 표정에서 기업 분위기가 뚜렷하게 느껴졌다.

그들의 대화를 흘려듣던 중, 귀에 익숙한 이름이 들렸다. 오래 전부터 거래를 원했던 우량 업체, S 회사였다. 이름이 몇 번이고 언급되었고 처음에는 반신반의했지만, 회식이 끝날 무렵 "S 회사 파이팅!"이라는 건배 구호가 나왔다. 그 순간 확신이 들었다. 직급은 알 수 없었지만, 그 회사 사람들임은 분명했다.

사실 나는 낯을 많이 가리는 편이다. 길거리에서 모르는 사람에게 말을 걸어본 적도 없고, 처음 보는 사람과 자연스럽게 대화하는 성격도 아니다. 그런데 이상하게도, 그날은 타이밍을 재고 있는 나 자신을 발견했다. 술 한 잔이 들어간 덕분일 수도 있지만, 마음속에는 한 가지 생각이 자리 잡고 있었다.
'지금 아니면 이런 기회가 또 있을까?'

그들이 잠시 업무 이야기를 멈춘 틈을 타, 조심스럽게 다가갔다.

"말씀 중에 죄송합니다." 고개를 숙이며 명함을 건넸다. "우연히 대화 중에 S 회사 이야기를 들었습니다. 저는 귀사의 폐기물 정련과 관련된 일을 하고 있습니다. 혹시 기회가 된다면, 연락 한 번 주시면 감사하겠습니다."

그 순간, 명함을 건네는 손이 약간 떨렸던 기억이 남아 있다. 그러나 분명한 것은, 마음을 다해 전했다는 점이었다.

태도 하나가 신뢰를 좌우한다

그때까지 나는 S 회사가 좋은 회사라는 사실만 알고 있었을 뿐이다. 거래처도 아니었고, 그쪽과 특별한 인맥이 있었던 것도 아니었다. 다만 옆 테이블 분위기에서 임원진이라는 느낌이 들었고, 몸이 먼저 반응했다. 영업하는 사람 특유의 직감이었다.

다행히 그쪽도 편안하게 술자리를 즐기고 있는 분위기였다.
"그래요? 금 추출하시는 거예요?"
가볍게 호기심을 보이더니,
"이렇게 만난 것도 인연인데 한잔하시죠!" 하고 술잔을 건넸다.
자연스럽게 명함을 건넸고, "기회 되면 연락해 주세요."라는 말과 함께 자리에 돌아왔다. 그날의 인연은 거기서 끝이었다.
그리고 며칠 뒤, 낯선 번호로 전화가 걸려 왔다.
"저, 며칠 전에 명함 한 장 받았는데 혹시 기억나시죠?"
그 목소리의 주인공은, 그날 명함을 받았던 S 회사의 전무였다. 그 회사에서도 손에 꼽히는 고위직이었다.

"지금 기존 거래처와 계약이 끝나는 시점이라 새로운 업체를 찾고 있었어요. 혹시 우리 회사로 한 번 와보실 수 있나요? 샘플 좀 부탁드리고 싶은데요."

순간 놀라움과 감사함이 동시에 밀려왔다. 곧바로 준비를 마치고 S 회사를 찾았다. 제품을 종류별로 가져와 정성껏 샘플 작업을 진행했고, 며칠 뒤 그는 이렇게 말했다.

"우리랑 본계약 한번 합시다."

그렇게 S 회사와 계약이 성사되었다. 그리고 지금까지도 그 회사는 우리에게 가장 큰 매출을 안겨주는 소중한 고객으로 남아 있다.

명함 한 장으로 매출을 만들다

지금 돌이켜봐도, 인생에서 가장 극적인 영업이었다. 단순한 술자리, 단순한 명함 한 장. 그러나 그 한순간이 내 사업을 한 단계 끌어올리는 계기가 되었다.

나는 지금도 종종 말한다.
"그날 내가 명함을 꺼내지 않았다면, 지금의 나는 없었을지도 모른다."

영업에는 정해진 공식이 없다. 준비된 사람이 우연한 타이밍에 용기를 낼 수 있을 때, 기회는 열린다.

그 이후로 나는 늘 명함을 지갑에 넣고 다닌다. 누구를, 어디서, 어떤 상황에서 마주칠지는 아무도 알 수 없다. 그리고 만남이 누구든, 한순간의 인연이 될 수 있다는 것을 믿고 있다.

10년, 20년 뒤에도 할 수 있는 일인가

금 정련 공장을 운영하면서 가장 두려운 순간은 일이 끊기는 때다. 그 절망감은 직접 겪어보지 않으면 알 수 없다. 지금도 경기 침체의 흐름은 점점 짙어지고 있고, 거래처의 물량이 줄어드는 것이 체감된다.

"갑자기 일이 뚝 끊기면 어떡하지?"
이렇듯 수익이 사라질 수 있다는 불안감이 늘 머릿속 한쪽에 자리 잡고 있다.

영업력으로 돌파할 수 있을까

그렇다면 적극적인 영업으로 이 위기를 돌파할 수 있을까? 아직 알지 못한 기업들, 접촉하지 못한 개인 고객들이 남아 있는 것은 사실이다. 그래서 계속해서 문을 두드린다.

이 일의 장점 중 하나는 지역 제약이 적다는 점이다. 제품을 화물로 보내거나, 택배로 수거하고 발송하는 시스템이 갖춰져 있어 전국 어디든 작업이 가능하다. 이론적으로는 시장의 가능성이 넓게 열려 있다고 볼 수 있다.

그러나 문제는 단 하나. 그 잠재 고객에게 어떻게 도달할 수 있느냐는 것이다. 예를 들어, 구미 쪽에 반도체 회사가 많다고 해서 무작정 가서 현수막을 걸고 명함을 돌릴 수는 없는 일이다.

실제로 지방 고객들이 "왜 이쪽에는 이런 업체가 없느냐"고 묻는 것을 보면, 경쟁업체가 많지 않은 것은 분명하다. 그만큼, 그들이 우리를 찾기도 쉽지 않다는 뜻이기도 하다.

매출이 급격히 떨어졌을 때는 직접 지방까지 내려가 영업을 해본 적도 있었지만 그런 방식은 지속하기 어렵다. 시간과 비용이 만만치 않기 때문이다.

이런 이유로 온라인 마케팅이 가장 현실적인 대안이 된다. 네이버 파워링크 광고를 통해 검색 상단에 드러내고, 직접 운영하는 블로그로 자연 검색 유입을 병행한다. 내 경우 이 두 가지 전략으로 사람들의 관심을 끌고 유입을 만든다.

수요는 있지만 돈 벌기는 쉽지 않다

신규 문의가 많다고 해서 모두 수익으로 이어지는 것은 아니다. 최근 금값이 오르자, '도시광산'에 관심을 갖는 사람들이 늘었다. 컴퓨터 몇 대를 뜯어 금을 추출해 달라며 연락해 오는 경우도 많다.

하지만 실상은 다르다.
20년 전만 해도 컴퓨터 부품에는 금도금이 두껍게 되어 있어, 작은 양으로도 충분히 수익이 났다. 지금은 부품에 도금된 금의 양이 워낙 얇아져, 작업 자체가 성립되지 않는 경우가 대부분이다. 실제로 경제성이 맞으려면 최소 200~300kg 이상은 확보되어야 한다.

그렇다고 사업을 하는 입장에서 이런 작은 문의를 무시할 수는 없다. 모든 문의에는 성실히 응대하는 게 도리다. 다만 경험상, 실제 수익으로 이어지는 경우는 대부분 기업 고객이다. 그리고 바로 그 기업 고객의 문의가 쉽게 오지 않는다는 점이 가장 큰 숙제인 듯하다.

B2B 사업의 딜레마

금 정련 사업은 기본적으로 B2B 기반이라 어려움이 더 크다. 개인 고객은 대부분 물량이 적어 수익 구조를 유지하기 어렵고 안정적인 운영을 위해서는 대량 거래가 가능한 기업 고객을 확보해야 한다.

하지만 그것이 말처럼 간단한 일은 아니다. 온라인 마케팅을 아무리 열심히 해도, 정작 연락이 오는 것은 대부분 소량 문의다. 실제로 필요한 것은 규모 있는 고객이지만 그런 고객들은 온라인보다는 소개를 받거나 직접 발품을 팔아야 만날 수 있는 경우가 많다. 문제는 이 방식 역시 시간과 비용 부담이 커 현실적인 제약이 따른다는 점이다.

그래서 지금 내가 할 수 있는 일은 꾸준히 영업하며 기회를 기다리는 일뿐이다. 경제도 시장도 갈수록 더 어려워지고 있고, 상황이 나아질 기미도 쉽게 보이지 않는다.

20년을 버텨온 경험이 있으니 이번에도 견뎌낼 수 있을 거라 믿지만, 그 과정에서 느끼는 불안감은 여전히 크다. 소기업 사장에게 일이 끊긴다는 것은 단순한 매출 감소가 아니라 생존의 문제다.

금 정련 사업은 지속가능할까?

앞으로 5년, 10년, 20년 후에도 이 일을 계속할 수 있을까? 솔직히 말하면, 최근 몇 년 사이 일감이 점점 줄어들고 있다는 사실을 체감하고 있다.

이 책의 다른 글에서도 언급했지만, 도시광산은 산업적으로 필요한 분야이다. 과거에는 광산에서 금을 채굴해 공급하는 방식이 일반적이었지만, 이 방법은 자원의 한계와 환경 파괴라는 명백한 제약을 안고 있다.

이제 산업의 방향은 땅속을 파는 것이 아니라, 이미 쓰인 자원에서 다시 회수해 활용하는 구조로 바뀌고 있다.

금 사용량이 대폭 줄고 있다

문제는 금값이 과거보다 훨씬 높아졌고, 기업들도 원가 절감을 위해 금 사용량을 대폭 줄이고 있다는 점이다. 예전에는 금 도금 두께가 지금보다 훨씬 두꺼웠지만, 지금은 절반 수준에도 미치지 못한다. 자연스럽게 금 사용은 줄고 있고, 써야 할 경우에도 최소한으로만 사용하려는 흐름이 강해졌다.

더 근본적인 변화는 대기업들이 자체적으로 정련 시스템을 구축하고 있다는 점이다. 자체 리사이클 설비를 갖추고, 공정 내에서 금속을 순환시킬 수 있도록 시스템을 마련하고 있다. 외부에 일을 맡기기보다 내부에서 직접 처리하려는 방향으로 움직이면서, 소규모 정련소로 들어오는 일감은 점점 줄어드는 추세다.

규제 역시 만만치 않다. 허가를 받는 절차는 점점 까다로워지고, 기술을 배우는 일도 쉽지 않다. 누군가 선뜻 노하우를 가르쳐주겠다고 나서는 경우는 거의 없다. 이 일은 점점 더 폐쇄적인 기술로 남아가며, 새로 진입하기도, 오래 버티기도 어려운 환경이 되어가고 있다.

해외로 이전하는 기업들

요즘 들어 일감은 줄고, 진입 장벽은 높아지며 경쟁은 치열해지고 있다. 기술력 하나만으로는 더 이상 버텨내기 힘든 국면이다.

최근 몇 년 사이, 한국의 주요 PCB 및 반도체 기업들이 해외로 대거 이전하고 있다. 대표적으로 삼성과 LG가 베트남으로 생산 거점을 옮긴 일은 업계 전반에 큰 변화를 불러왔다.

나는 이 흐름을 읽고 누구보다 빠르게 움직였다. 베트남 현지에서 직접 공장을 세우고 이전한 국내 기업들의 폐기물을 처리하겠다는 계획이었다. 하청업체들까지 포함해 그 라인을 모두 커버하겠다는 큰 포부로 준비에 들어갔다.

때마침 코로나 팬데믹이 시작되던 시점이었다. 베트남은 당시 공안 통제가 매우 강한 국가였고, 외국인이 독자적으로 사업자 등록을 하는 것은 사실상 불가능했다. 그래서 현지 인맥을 활용해 우회적으로 법인을 설계했고, 입국 준비까지 마친 상태였다.

그러나 입국 자체가 무산됐다. 공항에서 여권을 압수당한 채 한국으로 강제귀국당한 것이다. 그날, 베트남 땅을 밟지도 못한 채 모든 계획이 중단됐다.

    애초에는 한국 공장은 그대로 두고, 베트남에서 별도로 운영하려 했지만, 해외 진출 계획은 시작조차 못 하고 접어야 했다.

해외에 더 많은 기회가 있다

나는 지금도 해외에는 아직 도시광산 시장이 제대로 형성되어 있지 않다고 확신한다. 따라서 정련 기술만 갖고 있다면 오히려 한국보다 기회가 더 많을 수 있다. 그쪽에서는 이런 기술을 가진 업체가 드물기 때문이다.

하지만 나는 두 아이를 혼자 키우는 아버지다. 지금 당장은 가정을 두고 해외로 장기 체류하며 공장을 운영하는 일이 현실적으로 쉽지 않다. 그래서 늘 고민하게 된다. 사업적 가능성과 개인적 책임 사이에서 어떻게 균형을 잡을 것인가.

국내 시장은 점점 줄어들고 있고, 경쟁은 더 치열해지고 있다. 기회가 해외에 더 많다는 것은 분명하지만, 지금은 선택할 수 없는 상황이라는 점, 바로 이것이 내가 처한 현실이다.

하지만 그렇다고 포기하지는 않는다. 지금은 국내에서 할 수 있는 모든 준비를 하며 언젠가 아이들이 조금 더 자라고, 여건이 허락되는 날이 오면 다시 한번 해외 시장에 도전할 생각이다.

PART 4.

금이 나에게 가르쳐준 인생의 의미

---------- ✳ ----------

버려진 것에서 가치를 찾아내는 일을 하면서 깨달았다.
사람들이 쓸모없다고 던져버린 폐기물 속에서
순금을 건져내듯, 인생도 절망 속에서
희망을 찾아내는 과정이라는 걸.
이번 장에서는 그런 나의 깨달음을 나누려고 한다.

돈으로 행복을 살 수 있을까

"돈이 전부는 아니야"라고 말하는 사람이 있다.
"돈으로 행복을 살 수는 없다."고 단언하는 사람도 많다. 나 역시 어려웠던 시절, 그 말을 수없이 되뇌며 스스로를 다독였다. 이 업계에서 20년 넘게 버텨오며 분명히 깨달은 것이 있다.

<u>'돈이 없으면, 아무리 좋은 사람이 되려 해도 할 수 있는 일이 제한적이다. 때로는 가족과의 갈등까지 감당해야 하는 순간도 온다.'</u>

현실은 냉정하다. 반대로, 돈이 생기면 많은 것이 달라진다. 사람들이 대하는 태도부터 변하고 삶의 무게도 한결 가벼워진다.

물론, 돈이 인생의 전부는 아니다. 하지만 돈 없이는 아무것도 시작할 수 없는 세상이라는 사실은 부정할 수 없다. 이것이 내가 몸으로 부딪히며 배운 자본주의의 냉정한 현실이다.

결혼 실패에서 깨달은 것

고백하자면 나는 원래 경찰이 되고 싶었다. 운동을 좋아했고, 체육과 학생으로서 체력에는 자신이 있었다. 공무원 시험을 준비하며, 평범하지만 성실한 삶을 꿈꿨다.

그러던 어느 날, 얼마 전 헤어진 여자 친구에게서 연락이 왔다.
"나, 아이가 생겼어."
그 한마디로 모든 계획이 무너졌다. 그때 나는 전역 후 복학한 대학교 3학년, 스물여섯이었다.

그 일로 경찰의 길을 포기했다. 대학교 교수님들을 찾아가 눈을 맞추고 고개를 숙였다. 사정을 설명하며, 졸업만은 꼭 하고 싶다고 부탁드렸다. 힘들게 들어간 학교였기에, 쉽게 포기할 수는 없었다. 학기마다 교수님을 찾아뵙고 인사를 드리며 학점을 채웠다. 주야간 교대 근무를 하면서, 틈이 날 때마다 도서관에 앉아 졸업 요건을 채워나갔다.

그저 책임 하나로 시작된 결혼이었다. 당장 생계를 책임져야 했고, 안정적인 수입이 절실했다. 그래서 가장 먼저 연봉이 높다는 회사를 수소문했고, 당시 지역에서 제일 잘나가던 PCB 반도체 회사에 지원했다. 정규직 10명 모집에 백 명 넘게 몰렸다. 긴장한 얼굴들 사이에서, 나는 그 누구보다 절박했던 것 같다.

 면접장 문을 열고, 허리를 90도로 숙이며 큰 목소리로 인사했다. 대학교 상견례 무대에서 익힌 태도가 몸에 배어 있었던 덕분이다. 예상치 못한 인사에 면접관들이 잠시 놀란 표정으로 나를 바라봤다.

 면접은 입사 동기, 취미, 특기 같은 질문으로 시작됐다. 준비해 온 답을 차분히 전하며 긴장을 조금씩 풀어나갔다. 그러던 중, 갑작스럽게 줄기세포 연구와 황우석 박사에 대한 질문이 나왔다.

 TV도 제대로 볼 여유 없이 대학 생활에 집중하던 시절이었다. 그 순간, 밥상머리에서 어머니가 하던 말이 문득 떠올랐다. 그 기억을 바탕으로 또박또박 내 생각을 전했다. 절실함이 전해졌던 것일까. 며칠 뒤, 회사에서 합격 전화를 받았다.

300만 원으로 어떻게 먹고 살 건가

입사시험에 합격하고 나서 여자 친구 집에 인사를 갔다. 장인어른은 내 얼굴을 보자마자 물었다.

"자네, 그 회사 월급이 얼마나 되나?"
나는 망설임 없이 대답했다.
"열심히 일하면 300만 원도 넘게 법니다."
그러자 돌아온 대답은 단호했다.
"그 돈으로 어떻게 먹고살라고 그래?"

그 말이 마음속 깊이 파고들었다. 내게는 큰 금액이라 생각했지만, 그 순간 말문이 막혀 아무 대답도 할 수 없었다.
결혼 후의 현실은 예상보다 훨씬 냉담했다. 연애 시절의 따뜻함은 사라지고 아내의 말투와 행동은 점점 거칠어졌다.

"돈도 쥐꼬리만큼 벌어오는 놈이 말이 많아?"
그런 말을 들을 때마다, 마음이 무너져 내렸다. 처가의 태도도 크게 다르지 않았다. 사소한 말에도 무시가 섞였고, 대하는 방식에는 점점 날이 서기 시작했다.

야간 근무를 마치고 지친 몸으로 부모님 댁에 들러 아침밥을 먹고, 다시 쓸쓸한 집으로 향하던 날들. 공장 재킷을 걸치고 축 처진 어깨로 문을 나설 때, 부엌 한편에서 어머니가 울음을 삼키던 모습이 아직도 선명하게 남아 있다.

그렇게 버티며 투잡을 뛰었고, 기회를 엿보다 지금의 정련소를 시작했다. 정말 죽을힘을 다해 일했고, 그제야 돈이 조금씩 모이기 시작했다.
하지만 사람은 쉽게 변하지 않았다. 두 아이를 낳고도 아내의 날카로움은 그대로였고, 처가 식구들의 태도 역시 달라지지 않았다. 그때 생각했다. 이 아이들을 이런 환경에서 자라게 둘 수는 없다고.

결국 나는 이혼을 결심했다. 전 아내는 원하지 않았지만, 내 마음은 이미 돌아서 있었다. 아이들이 어려서 양육권 문제는 더 복잡했고, 2년 넘는 재판 끝에 두 딸과 함께 새로운 삶을 시작했다.
지금도 쉽지 않은 날이 많지만, 그 어떤 금보다, 어떤 성공보다 아이들과 함께 웃는 지금이 내 삶에서 가장 값진 시간이다.

돈이 모든 것을 바꾸다

정련소를 시작하고 몇 년이 흐르자 경제적으로 조금씩 여유가 생기기 시작했다. 문득, 투잡으로 하루하루를 버티던 시절이 떠올랐다. 주야간 교대 근무를 마치면 스티커를 붙이고 명함을 돌리며 영업에 나섰고, 밤낮을 가리지 않고 도시광산을 찾아 전국을 돌아다녔다.

지금 돌이켜보면, 그때는 오직 해내야 한다는 일념 하나로 버틴 날들이었다. 그 시간이 쌓여 지금의 나를 만든 것이 아닐까 생각한다

어느 날 전 처에게 연락이 왔다.

"잘 지내?"

"애들 많이 컸겠네."

아내가 아무렇지 않은 듯 내게 물었다. 전 처가 내게 왜 전화를 했는지는 그 이유를 묻지 않아도 알 수 있었다. 지금 내 상황을 알고 있었고, 말투에는 예전으로 되돌리고 싶은 기색이 묻어 있었다. 예전 같았으면 흔들렸을지도 모른다. 하지만 지금은 아니다. 그 시절, 어떤 말들이 어떤 상처로 남았는지 아직도 지워지

지 않는다.

　돈이 있을 때와 없을 때, 사람들의 태도는 달라진다. 같은 사람인데도 표정도, 말의 온도도 달라지는 것이다. 힘들 때 온갖 말로 상처를 줬던 사람이 형편이 나아지자 다시 다가왔다. 그러나 이미 시기는 늦었고, 그 어떤 말도 마음에 닿지 않았다.
　돈이 없을 때는 존재조차 가볍게 취급됐다. 말에도 힘이 없었고, 표정 하나에도 서열이 느껴졌다. 그것을 겪고 나니 무엇이 본질인지 알게 되었다. 차가웠지만, 분명한 사실이었다.

　그래서였던 것 같다. 나는 멈추지 않았다. 다시는 돈 때문에 작아지지 않겠다고 스스로에게 조용히 다짐하며, 더 단단히 일했고, 더 멀리 걸어갔다.

중이 제 머리 못 깎는 이유
-30년 지기도 배우지 못한 성공의 원칙

어릴 때부터 성인이 될 때까지 나는 한 친구와 30년 가까운 시간을 함께했다. 정확히 말하자면, 내가 더 많이 내어준 관계였다.

그에게는 정신적으로 기댈 언덕이 되어주었고, 형처럼 때로는 가족처럼 물심양면 도왔다. 보답을 바란 적은 없었다. 그저 밥 한 끼 더 사고, 내가 입지 않는 옷이나 아이들 옷까지 챙겨주자는 심정이었다. 나는 가끔 친구에게 농담 삼아 "내가 너한테 쓴 돈이 네 부모님보다 많을 것 같은데, 설날에는 세배하러 와야겠다" 하고 웃곤 했다.

고마움이 당연함으로 변하는 순간

하지만 어느 순간부터 고마움은 서서히 사라지고 당연함으로 바뀌었다. 내 호의는 공기처럼 여겨졌고, 친구는 아무렇지 않게 받아들였다.

그 무렵 친구는 부동산 보조 일을 하고 있었지만, 경기가 꺾이면서 수입이 줄었고, 아내가 생계를 책임지는 사이 그는 아이 돌봄을 맡고 있었다. 그때 마지막이라는 마음으로 손을 내밀었다.
"내가 하는 일을 알려줄게. 고객 한 명만 잘 연결해도 수익을 나눠줄 수 있어."

그렇게 제안했던 배경에는 그 어떤 조건도, 계산도 없었다. 그저 잘되길 바라는 마음뿐이었다.
하지만 '함께 배우고 성장하자'는 마음은 그에게서 좀처럼 느껴지지 않았다. 스스로 해보려는 의지도 부족했고, 배움에 대한 진지한 태도도 보이지 않았다. 실수는 분명 본인의 몫이었지만, 인정하는 대신 나에게 화를 내고 목소리를 높이는 일이 반복됐다.

그 친구는 평소 자존심이 강했다. 겉으로는 당당해 보였지만, 속은 늘 불안했고 자존감도 낮았다. 자격지심이 컸고, 무엇보다 화를 잘 참지 못했다. 감정이 격해지면 그것을 그대로 말이나 행동으로 쏟아냈다.

그럼에도 내가 끝까지 참고 도우려 했던 건, 그 친구가 본래 마음은 따뜻한 사람이라는 걸 알고 있었기 때문이다. 내가 가장 힘들었던 시기, 이혼을 겪고 바닥까지 내려앉았던 그때 그 친구는 내 곁을 지켰다. 조건 없이 위로해 주었고, 진심으로 내 아픔을 함께 느껴주었다. 그런 기억이 내 마음속에 깊게 남아 있었다.

그래서였을까. 그가 내게 어떻게 굴든, 나는 "그래도 친구잖아"라는 마음 하나로 버텼다. 한 번은 송도로 이사를 준비하면서 아이들 옷 수십 킬로그램 분량을 정리했다. 친구의 딸에게 물려주려고 포장까지 해두었지만, 이번에는 전화를 걸어도 받지 않았다. 그런 서운한 일이 거듭 반복되면서 그 무렵부터 친구와 마음이 서서히 멀어졌던 것 같다.

그렇게 나는 조용히 거리를 두기로 마음먹었다. 서로를 지키기 위한 거리였다.

이 경험을 통해 확실히 깨달았다. 스스로 바뀌려는 의지가 없는 사람은 누가, 어떻게 도와주어도 변하지 않는다. 30년 동안 쏟아온 마음은 어느 순간 반복되는 소모로 변했고, 고마움이 사라진 자리에는 익숙함과 요구, 그리고 원망이 남을 뿐이다. 하지만 지금도 그를 미워하지는 않는다. 다만, 이제는 내 에너지를 더 소중한 사람들에게 써야 한다는 걸 알게 됐다. 멀어졌지만, 마음 한쪽에서는 그의 앞날이 부디 잘 풀리길 바라고 있다

성공하는 사람 vs 실패하는 사람

이렇듯 주변 이들과의 관계를 통해 수많은 사례를 보면서 성공하는 사람과 실패하는 사람의 차이를 명확히 알게 되었다.

성공하는 사람의 특징

도움을 받으면 고마움을 표현할 줄 알고, 자신의 부족함을 인정하며 배우려 한다. 상황이 어려워도 탓하지 않고, 변화 앞에서도 도전하는 자세를 잃지 않는다.

실패하는 사람의 특징

받는 것을 당연하게 여기고, 문제가 생기면 남 탓부터 한다. 스스로 움직이기보다, 누군가가 다 해주길 바란다. 바뀌는 것을 두려워하면서도 정작 자신을 바꿀 생각은 없다.

아무리 도와주고, 좋은 기회를 주어도 스스로 바꾸려는 마음이 없다면 그 모든 노력은 무의미하다. 오히려 그런 사람을 계속 끌어안고 가는 일이 도리어 내 삶에 부담이 되고, 독이 될 수 있다는 것을 그때 처음 알게 되었다.

하지만 이제는 안다. 불필요한 에너지를 소모하게 하는 관계라면 아무리 오래된 인연이라도 거리를 두는 것이 맞다는 것을. 사업도, 인생도 마찬가지다. 오랜 거래처라고, 친하다고 해서 서로에게 도움이 되지 않고 오히려 독이 되는 관계라면 미련 없이 정리하는 것이 더 나은 선택일 수 있다.

성공의 절대 조건

 살면서 배운 한 가지가 있다. 성공하고 싶다면, 가장 먼저 바뀌어야 할 대상은 바로 '나 자신'이라는 것. 그리고 변화를 거부하는 사람들과는 단호하게 선을 그을 줄도 알아야 한다는 사실. 그것이야말로 나를 지키는 길이면서, 동시에 더 멀리 나아가는 길이라는 걸 깨닫게 되었다.

 기회는 준비된 사람에게 온다는 말이 있다. 그 '준비'라는 게 근본적으로 스스로 변하려는 마음에서 시작되는 것 같다. 아무리 좋은 기회가 와도 변하지 않으면, 그건 그냥 지나가는 바람일 뿐이다. 이러한 경험을 통해 변화는 누가 대신 만들어주는 게 아니라 스스로 만들어가야 할 몫이라는 걸 배우는 계기가 되었다.

"너 내년에 재수 보자. 너 지금 이 실력으로,
네 몸으로, 머리도 아프고 이 몸으로는 절대
안 되니까 내년 재수 생각하자."

"안 됩니다. 저는 무조건 올해 가야 됩니다."
나는 교사의 말에 반박했다.

 한 달 동안 난 죽었다고 생각하고
아침 6시부터 저녁 11시까지 운동을 했다.

 아침 먹고 바로 체대 입시 학원 가서 하루
종일 운동했다. 문 열 때 가서 저녁 끝날 때까지.
토하고, 눈이 뒤집어질 정도로 운동을 했다.

 그리고 한 달 만에 다시 살을 빼고
다시 컨디션을 올려서 내가 원하는 대학교
실기를 1등으로 합격했다. 한 달 만에 말이다.

끈기의 힘
-한 달의 기적

체육을 전공하게 된 것은 말 그대로 우연이었다. 고등학교 3학년, 실업계 전기과를 다니고 있었고, 운동과는 전혀 다른 길을 생각하고 있었다.

그러던 어느 여름, 한참 진로 고민이 깊어질 무렵, 친한 친구가 불쑥 제안을 했다.

"야, 우리 체대 가볼까? 그냥 운동해서 대학 한 번 가보자."

처음에는 웃고 넘겼다. 말이 되나 싶었다. 하지만 그 친구와 나는 운동만큼은 서로 자존심이 강했다. 달리기든, 턱걸이든 항상 경쟁하며 지냈던 사이였다. 내 심정은 '네가 가면 나도 간다'였다. 그 말에 마음이 흔들렸다.

며칠 뒤, 우리는 체대 입시 학원을 찾아갔다. 입구에서 우리를 본 학원 원장은 딱 잘라 말했다.

"지금 온 거면, 내년 재수 준비하러 온 거지? 올해 대학 가려고 생각하고 있는 것은 아니지? 왜냐면… 지금 너무 늦었어."

예상 밖의 재능

"여기 있는 애들은 다 2~3년 이상 준비한 애들이야."
체대 입시 학원 원장은 우리를 보자마자 그렇게 말했다.
우리는 물러서지 않았다.

"아니에요. 저희 올해 바로 갈 거예요."
원장은 어이없다는 표정으로 물었다.
"모의고사는 몇 점 정도 나왔냐?"
"한 번도 안 봤어요."

나는 실업계 전기과였고, 수능 공부는커녕 모의고사조차 본 적이 없었다.
"그럼 운동은? 100m 몇 초 나와?"
"모르겠는데요…"
그러자 원장이 말했다.
"야, 그냥 한번 뛰어봐. 테스트해 보자."

그렇게 100m 달리기부터 제자리멀리뛰기, 턱걸이, 유연성 검사 등 입시에 필요한 5~6개 종목을 바로 테스트했다. 우리는 진심으로 최선을 다했다. 그냥 그 자리에서 죽기 살기로 뛰었다.

테스트가 끝난 뒤, 원장의 표정이 바뀌었다.
"야, 너네 혹시 다른 학원에서 운동 좀 했었냐?"
"아뇨. 한 번도요. 맨날 그냥 놀았어요."

그 말을 들은 원장이 한참을 바라보더니 말했다.
"진짜… 빡세게만 하면 가능성 있다."
아마도 원장의 그 한마디가 당시 내게 자신감을 불어넣어 준 것 같았다. "진짜 열심히 하면 갈 수 있겠구나." 그 순간, 처음으로 가능성이 보였고, 가슴 한편에서 희망이 피어올랐다.

절망의 순간

그렇게 죽을 듯이 운동에 몰두하던 어느 날, 예상치 못한 일이 터졌다. 교통사고였다.

차는 폐차될 만큼 크게 망가졌고, 나는 며칠간의 기억조차 없었다. 뇌진탕 증상으로 병원에 2주 넘게 입원했고, 퇴원 후에도 머리를 조금만 움직여도 통증이 심했다. 거기에 몸무게는 12kg이나 불어 있었다.

학원에 다시 나갔을 때, 현실은 참담했다. 예전에는 가볍게 하던 턱걸이도 10개를 넘기기 힘들었고, 몸은 둔해졌고, 실력은 바닥이었다. 그렇게 몇 달을 쌓아온 노력이 한순간에 무너져버린 것이다.

게다가 실기 시험까지는 딱 한 달. 내가 목표로 삼았던 대학교의 실기 날짜가 코앞이었다.

원장 선생님이 조심스럽게 말했다.
"차라리 내년에 재수하자. 지금 네 몸 상태로는 절대 안 된다."
하지만 나는 고개를 저었다.

"안 됩니다. 무조건 올해 붙어야 합니다."

다른 선택지는 없었다. 친구는 이미 앞서가고 있었고 나만 낙오될 수는 없었다.

그때부터는 정말, 죽었다고 생각하고 운동에 매달렸다. 아침 6시부터 밤 11시까지. 밥 먹는 시간 외에는 전부 운동이었다. 새벽에는 집 옆 공원을 달렸고, 아침을 먹고 나면 학원 문 열릴 때부터 닫힐 때까지 여러 번 토하면서 눈이 뒤집힐 만큼 미친 듯이 훈련했다.

그 결과, 한 달 만에 몸을 원상태로 되돌렸고, 원하던 대학교 실기에서 1등으로 합격했다. 완전히 무너졌던 자리에서 다시 일어선 순간이었다.

평생의 자신감을 얻다

나는 그때 정말 죽기 살기로 노력했다. 고작 고3이었지만, 내 인생에서 가장 치열하게 몸을 던져 노력한 시기였다고 지금도 단언할 수 있다.

그 경험은 내 삶 전체에 깊은 흔적을 남겼다. 어떤 절망적인 상황이 와도 "그때도 해냈는데, 이것쯤이야." 하는 마음이 자연스럽게 올라왔다. 사업하면서 물량이 끊겨서 택배를 하던 날들, 사기를 당해 수천만 원을 날렸던 순간조차도 그때의 기억이 다시 나를 일으켜 세우는 버팀목이 되었다.

많은 사람이 끈기를 오래 버티는 일로만 생각한다. 하지만 내가 겪어본 바로 끈기란 시간과 강도, 두 가지가 함께 채워질 때 비로소 힘을 발휘한다.

고작 한 달이었지만, 나는 하루 17시간씩 미친 듯이 운동했고, 포기하지 않는 정신력으로 바닥에서 1등을 만들어냈다. 그것은 단순한 '버팀'이 아니었다. 깊은 몰입과 집중, 그리고 자신을 믿는 의지의 결과였다.

그래서 나는 지금도 그 원칙을 따른다. 뭔가 중요한 일이 생기면, 단기간에 집중해서 밀어붙인다. 새로운 거래처를 뚫어야 할 때도, 익숙하지 않은 기술을 익혀야 할 때도 내 머릿속에는 언제나 그 한 달이 떠오른다.

"그때처럼, 또 해내보자." 하면서…

끈기의 유전자

그때의 기억은 마치 내 DNA에 새겨진 것 같다. 지금 하고 있는 금 정련 사업에서도 수많은 위기가 있었지만, 그 한 달의 기억 덕분에 나는 매번 다시 일어설 수 있었다.

"그때도 해냈잖아. 지금도 해낼 수 있어."
이 마음이 나를 여기까지 끌고 온 원동력이다. 한 번의 극복 경험은 평생의 자신감이 되고, 그 자신감은 또 다른 성공을 낳는다.

끈기는 타고나는 것이 아니다. 만들어지는 것이다. 그리고 한 번 제대로 만들어지면 평생 간다. 나는 그것을 몸으로 증명해 온 사람이기에 자신 있게 말할 수 있다.

내 하루는 새벽 3시에 시작한다.

성공과 실패의 차이는 어디서 생길까? 20년 동안 사업을 하며 내린 결론은 의외로 단순하다. 화려한 전략이나 일시적인 운이 아니라, 결국 '자기관리'에서 갈린다. 매일 반복되는 작고 단순한 습관들이 인생 전체의 방향을 바꿔놓는다.

새벽 3시, 하루를 앞서가는 시작

내 하루는 새벽 3시에 시작된다. 주변에서는 "말도 안 된다"며 놀라지만, 나는 매일 밤 10시에서 11시 사이에 잠들고, 새벽 3시에 일어나 조용히 하루를 연다.

이 시간은 오직 나만의 시간이다. 세상이 고요한 틈을 타 세계 경제 뉴스와 금 시세, 원자재 흐름을 꼼꼼히 확인한다. 그리고 블로그를 작성하며 내 사업의 방향과 생각을 정리한다. 하루의 흐름은 이 고요한 집중의 시간에서 결정된다.

5시 반이 되면 5km를 뛴다. 이것은 단순한 운동이 아니다. 잡생각이 사라지고 정신이 맑아진다. 엔도르핀과 아드레날린이 분비되며 하루를 긍정적인 에너지로 시작할 수 있게 된다.

운동을 마치고 집까지 10~15분 걷는 시간, 시원한 공기 속에서 마음을 다시 다잡는다. 그 원동력으로 아침 식탁에서 아이들에게도 웃는 얼굴로 하루를 건넬 수 있다.

건강한 몸이 있어야 마음도 건강해진다. 마음이 건강해야 일도, 사람도, 관계도 흔들리지 않는다. 두 딸의 아버지로서, 내가 선택한 나만의 방식이기도 하다.

뿐만 아니라 집안일도 자기관리의 연장선이라고 생각한다. 우리 집에는 강아지 한 마리, 앵무새 두 마리가 함께 살고 있는데 하루라도 청소를 게을리하면 금세 집안이 어지럽고 공기가 무거워진다.

특히 앵무새에서 나오는 깃털과 파우더는 호흡기 건강에 영향을 줄 수 있어서 수시로 환기하고 꼼꼼히 청소해야 한다. 처음엔 이런 일상이 번거롭게 느껴지기도 했지만, 곧 이것이 나를 위한 습관임을 깨닫게 되었다.

삶을 정돈하는 습관은 곧 마음을 정돈하는 습관이 된다. 그렇게 가다듬어진 마음이 언젠가 삶의 방향을 바꾸는 힘이 되기 때문이다.

현실 직시형 사고방식

나는 철저히 상황을 있는 그대로 바라보는 편이다. 주어진 조건들을 솔직하게 받아들이고 판단하며, 막연한 기대나 희망보다는 언제나 최악의 상황부터 가정한다. "이 정도는 되겠지"가 아니라 "안 되면 어떻게 하지?"를 먼저 떠올린다.

겉보기에는 비관적으로 보일 수 있지만, 실제로는 더 안정적이고 지속 가능한 방식이라고 생각한다. 기대가 크면 실망도 크기에 최악의 시나리오를 먼저 고려하고, 그에 맞는 대응책을 준비하는 것이 훨씬 현명하다.

내가 생각하는 희망이란 막연한 낙관이 아니라, 주어진 환경을 냉정히 분석하면서도 끝까지 나아가게 만드는 지속력, 한 마디로 말하면 묵묵히 쌓아 올리는 시간이다.

사업도 이와 마찬가지가 아닐까. 물량이 끊기거나, 사기를 당하거나, 예상치 못한 위기가 닥쳐왔을 때도 미리 준비해 둔 플랜 B가 있다면 버틸 수 있다.

기억하자. 상황을 있는 그대로 받아들이고, 사전에 대비하며, 지속해서 실행에 옮기는 사람만이 위기 앞에서도 흔들리지 않는다.

철저한 자기관리는 성공의 초석

아이들에게 금융 교육을 시키는 것 역시 자기관리의 연장선이라고 생각한다. 나는 현재 아이들과 함께 미국주식에 실제 투자를 하고 있다. 단순히 주식을 사는 행위를 넘어, "성인이 될 때까지 절대 팔지 마라"는 원칙을 함께 심어주고 있다.

이것은 단순한 재테크 교육이 아니다. 돈을 바라보는 시선과 인생을 계획하는 방식을 전하는 과정이다. 단기적인 수익에 흔들리지 않고 긴 안목으로 기다릴 줄 아는 힘, 그 안에는 글로벌 경제의 흐름을 읽고, 금융의 기본 원리를 이해하며, 올바른 투자 기준을 세우는 과정도 함께 담겨 있다.

단순히 언제 사고팔지를 가르치는 것이 아니라, 세상이 어떻게 움직이는지, 돈이 어디로 흐르는지를 자연스럽게 체득하도록 이끄는 것이다. 그것이 진짜 투자고, 나아가 삶을 대하는 태도이기도 하다.

나는 아이들에게 보여주고 싶다. 성공은 하루아침에 오는 것이 아니라, 작은 습관들의 끈질긴 반복 위에 세워지는 것이라는 것을.

새벽 3시에 일어나는 것, 매일 5km를 뛰는 것, 매일의 집안일을 꼼꼼히 해내는 것, 매일 시세를 확인하고 공부하는 것. 이런 평범해 보이는 습관들이 결국 비범한 결과를 만든다.

나는 꿈을 막연하게 꾸지 않는다. 현실을 냉정하게 바라보며, 그 안에서 가능성을 계산하고, 실행 계획을 세운다.

현실을 외면한 희망은 허상이다. 하지만 현실을 정확히 직시하고, 위험을 예상하며, 미리 대비하는 태도는 진짜 희망이다. 그리고 나는 그 희망의 태도를 아이들에게 그대로 물려주고 싶다.

에필로그

아이들에게 희망을 주는 멘토가 되고 싶다

혼자 아이를 키우며 살아가는 지금, 자연스럽게 한부모 가정이나 보육시설에서 자라는 아이들에게 눈길이 간다. 관심과 사랑을 충분히 받지 못한 채 자라는 그 아이들의 모습을 보면 마음이 먹먹해진다.

나 역시 어린 시절에는 문제를 많이 일으키고 방황했다. 하지만 끝까지 나를 믿어준 부모님의 손길이 있었기에 나쁜 길로 가지 않을 수 있었다. 포기하지 않고 기다려주신 그 믿음이 지금의 나를 만들어준 것이다.

내 마음 깊은 곳에는 부모님께 받은 그 소중한 손길에 대한 깊은 감사함이 자리하고 있다. 그 따뜻한 사랑에 대한 보답을 단순히 부모님께만 드리는 것이 아니라, 그 사랑을 더 넓은 세상으로 전하고 싶다.

보육시설에서 자라는 아이들에게 부모님이 내게 보여주신 그 변함없는 믿음과 사랑을 전해주고 싶은 것이다. 나처럼 누군가의 따뜻한 관심과 격려가 필요한 아이들에게 그 힘을 건네주고 싶다.

그들 안에 숨어있는 무한한 가능성을 믿어주고, 삶의 방향을 바꿀 수 있는 소중한 기회를 선물하는 멘토가 되는 것이 내 꿈이다.

누군가의 한 마디가 인생을 바꾼다

예전 안산에서 검찰청 소속 청소년 범죄예방 봉사활동에 참여했을 때의 일이 생각난다. 내가 만난 첫 번째 아이는 담배를 물고, 학교를 빼먹고, 어른들의 말이라면 무조건 반발하는 전형적인 '문제아'였다.

그 아이와 첫 만남에서 나는 편안하게 말을 걸었다.
"안녕, 잘생긴 친구네. 이름이 뭐야?"
아이가 조금씩 마음을 열기 시작할 때, 나는 진심으로 궁금해서 물어봤다.
"너는 10년 뒤에 뭐가 되고 싶어? 정말 궁금해서 그래."
아이는 잠시 당황했다. 아마 그런 질문을 받아본 적이 없었을 것이다. 그리고 조용히 말했다.
"모르겠어요. 생각해본 적 없어요."

"그럼 이제부터 생각해봐. 나는 너한테 공부하라고, 착하게 살라고 말하지 않을 거야. 대신 네가 정말 하고 싶은 게 뭔지 찾아보자. 그리고 그걸 위해서 지금 뭘 해야 하는지 같이 생각해보자."

3개월 뒤, 그 아이는 자동차 정비사가 되고 싶다고 말했다. 그리고 그 꿈을 위해 담배를 끊었고, 학교에 나가기 시작했다. 내가 특별한 마법을 부린 것은 아니다. 단지 누군가 진심으로 그 아이의 미래에 관심을 가져준 것뿐이었다.

코로나로 그 활동은 중단되었지만, 나는 아직도 그 아이가 어떻게 지내고 있는지 궁금하다. 가끔 용돈도 주었고 친형처럼 연락도 자주 하면서 애정과 관심을 쏟은 아이다. "형도 너만할 때 담배피고 싸우고 놀고 다 그랬었다"라고 하면서 조금씩 마음을 서로에게 보여준 애정을 쏟은 아이였다. 그 아이는 지금쯤 무엇을 하고 있을까. 한 가지 분명한 것은 그 짧은 만남이 그 아이의 인생에 작은 변화라도 만들어냈을 것이라고 믿고 있다.

아이들에게 현실적인 희망을 주고 싶다

나는 보육시설 아이들에게 "미래는 늘 밝고 행복할 것"이라는 식으로 '희망고문'을 하고 싶지 않다. 내가 전해주고 싶은 것은 현실적이고 구체적인 가능성이다.

나는 "열심히 하면 꿈은 이루어진다"는 거짓말 대신 아이들에게 이렇게 말한다.

"세상은 공평하지 않다. 너희는 다른 아이들보다 불리한 출발선에 서 있다. 하지만 그것이 끝이 아니라는 걸 내가 알려줄게. 나처럼 살 수도 있고, 나보다 더 잘 살 수도 있다. 조건은 단 하나, 포기하지 말 것."

나는 앞으로도 기회가 된다면 그 아이들에게 진로 상담을 해주고 싶다. 하지만 "의사가 되어라, 변호사가 되어라"는 말은 하지 않겠다. 대신 "요리사가 되려면 지금부터 뭘 해야 하는지, 자동차 정비사가 되려면 어떤 자격증이 필요한지, 그리고 그 과정에서 어떤 어려움이 있는지"를 알려주고 싶다.

20년간 사업을 하며 만난 수많은 사람들, 실패와 성공을 거듭하며 쌓은 인맥과 경험을 아낌없이 나누고 싶다. 그것이 그 아이들에게는 그 어떤 교육보다 값진 자산이 될 것이다.

딸들에게 보여주고 싶은 세상

이 모든 일은 나 자신을 위한 것이기도 하다. 어린 시절 나를 포기하지 않게 해준 주변의 도움에 감사를 표현하는 나만의 방식이자 무엇보다, 내 딸들에게 보여주고 싶은 아버지의 모습이기도 하다.

가끔 딸아이들이 잠든 얼굴을 바라보며 생각한다. 이 아이들이 훗날 어른이 되어 누군가에게 자신의 아버지를 소개할 때, 어떤 말을 하게 될까.

"우리 아빠요? 돈만 많이 버는 사람이었어요."가 아니라,
"우리 아빠는 힘든 아이들을 도와주는 분이셨어요. 누군가의 인생을 바꿔주려고 애쓰시는 모습을 보며 자랐어요." 그런 말을 들을 수 있는 아버지가 되고 싶다.

내가 벌어들이는 돈도, 쌓아올린 성공도, 언젠가는 시간이 지나면 사라질 수 있다. 하지만 한 아이의 인생을 바꿔준 그 순간만큼은, 그 아이의 기억 속에서, 그리고 내 딸들의 기억 속에서 영원히 남을 것이다.

'아빠가 완벽한 사람은 아니야. 실수도 많이 했고, 부족한 점도 많아. 하지만 아빠는 너희에게 부끄럽지 않은 사람이 되려고 노력하고 있단다. 누군가에게 작은 도움을 주려고 노력하는 아빠로 기억되고 싶어.'

내가 받은 것을 돌려주는 시간

　언젠가 그 보육시설 아이들 중 한 명이 성공해서 나를 찾아와 이렇게 말하는 날이 올 것이다.

"사장님, 저 취직했어요."
"사장님, 저 결혼해요."
"사장님, 저도 이제 누군가를 도울 수 있는 사람이 됐어요."
　그 순간, 내 딸들이 나를 바라보며 조용히 미소 지을 것이다. 자신들의 아버지가 자랑스럽다는 눈빛으로.

　그날을 위해 나는 오늘도 일한다. 그리고 기다린다. 내가 받았던 그 손길을 누군가에게 건네줄 수 있는 날을. 그리고 내 딸들에게 떳떳한 아버지로 기억될 수 있는 그 순간을 위해서.